Guide pédagogique

LIGNE DIRECTE A2.2

Valérie Lemeunier
Sophie de Abreu
Laurence Alemanni
Ilham Binan
Julien Cardon

didier

Création maquette : Laurence Hérédia
Adaptation maquette : Catherine Sevegrand
Mise en pages : Text'Oh! - 39100 Dole
Crédits iconographiques : 153 bd : Anna Rossi/Getty Images ; bg : Nancy Honey/age fotostock ; bm : Edith Held/Corbis

ISBN 978-2-278-06929-3

Imprimé en France

Achevé d'imprimer en décembre 2011 par Jouve - N° 800813S - Dépôt légal : 6929/01

SOMMAIRE

PRÉSENTATION GÉNÉRALE

Ligne directe est une méthode pour l'enseignement/apprentissage du français aux adolescents (11 ans – 15 ans). Elle s'appuie sur les orientations décrites dans le Cadre européen commun de référence pour les langues.
Le niveau 3 de ***Ligne directe*** permet d'acquérir la première partie des compétences attendues au niveau A2.2.
Les principes pédagogiques retenus par les auteurs de cette méthode sont ceux d'une perspective de type actionnel.
« L'apprenant est désormais considéré comme un acteur social. L'enseignement/apprentissage a donc pour objectif de former cet acteur social qui, compte tenu de la multiplication des échanges internationaux, est aussi un citoyen du monde en devenir susceptible de jouer un rôle d'intermédiaire culturel[1]. »

→ LES ORIENTATIONS PÉDAGOGIQUES RETENUES

Former des acteurs sociaux capables de s'adapter aux changements

Tout acteur social accomplit, dans une situation donnée, des actions pour lesquelles ils « mobilisent stratégiquement les compétences dont ils disposent en vue de parvenir à un résultat déterminé[2] ».
La maîtrise des compétences nécessaires à l'accomplissement de ces actions sociales (ou tâches) dans des contextes variés est aujourd'hui un des objectifs majeurs de l'enseignement/apprentissage. Cet acteur social étant un grand consommateur de médias, l'éducation à travers l'enseignement/apprentissage d'une langue devrait contribuer à faire de l'apprenant un utilisateur averti. Les médias ont donc toute leur place au centre du dispositif pédagogique.
En outre, cet acteur social vit dans un monde en évolution constante où l'on apprend plus que jamais tout au long de la vie. De ce fait, il lui faut apprendre à apprendre, apprendre à transférer et à réinvestir les connaissances et les compétences acquises pour être en mesure de s'adapter aux changements à venir.
La construction du savoir, bien que personnelle, s'effectue dans un cadre social. Ce n'est pas le formateur qui enseigne mais le formé qui apprend. Il n'apprend toutefois pas seul, mais avec et par les autres membres du groupe en échangeant et en confrontant les idées des uns et des autres. L'apprenant s'appuie sur les connaissances et les compétences des autres pour construire les siennes (et réciproquement), comme il sera amené à le faire dans sa vie professionnelle et dans sa vie personnelle.
Il convient donc de créer un contexte favorable qui encourage l'autonomie et la collaboration dans l'apprentissage.

Ligne directe propose d'amener les apprenants :
– à réaliser des tâches s'inscrivant dans leurs centres d'intérêt ;

1. Claudel, C. et Lemeunier, V., article à paraître.
2. CECRL, p. 15.

– à confronter les apprenants à la réalité sociale à travers notamment des supports médiatiques ;
– à analyser des outils langagiers et à en découvrir le fonctionnement ;
– à développer leurs compétences d'auto-évaluation ;
– à redécouvrir le travail en groupe ;
– à prendre conscience des stratégies qu'ils mettent en œuvre pour réaliser le travail de classe.

Former des citoyens du monde susceptibles de jouer un rôle d'intermédiaire culturel

En tant que citoyen du monde, l'apprenant sera amené à communiquer dans des espaces plurilingues et pluriculturels et à évoluer dans un milieu international.
En raison de l'intensification de la mobilité et de la coopération internationale, il devient improbable de ne pas être en contact avec l'« Autre ».
La rencontre avec l'« Autre » nécessite une exposition à la culture-cible pour se familiariser avec d'autres manières de faire, de dire, de penser, etc. et d'en comprendre les mécanismes.
En tant qu'intermédiaire culturel, l'apprenant se doit de favoriser la compréhension mutuelle et de coopérer avec les autres. Connaître une langue/culture différente de la sienne permet de mieux comprendre l'« Autre ». C'est un atout pour l'apprenant qui va ainsi pouvoir mettre ses connaissances au service des autres en vue de faciliter l'intercompréhension entre sa culture et la culture cible. Aussi, former des intermédiaires culturels est une nécessité dans un monde où la mobilité se développe et où les échanges internationaux se multiplient. L'intermédiaire culturel pourra prévenir les malentendus.

Ligne directe propose des supports et des activités qui permettent :
– d'exposer les apprenants à d'autres réalités sociales à partir de sources variées ;
– de favoriser l'acquisition d'un capital culturel varié ;
– de mettre au jour leurs représentations ;
– de les faire évoluer ;
– de les encourager à résister aux stéréotypes ;
– de provoquer une réflexion sur la culture cible et sur la culture source mais aussi sur d'autres cultures ;
– de confronter les pratiques qui ont cours dans leur propre culture avec celles qui se manifestent dans d'autres cultures.

Dans la double perspective décrite précédemment, l'apprenant, en tant qu'acteur social et citoyen du monde, est amené à prendre la parole dans la langue cible pour mener à bien différentes actions. Afin d'assurer les conditions d'une communication réussie, il est nécessaire d'acquérir une réelle compétence à communiquer langagièrement.
Pour développer cette compétence dans toutes ses composantes, ***Ligne directe*** propose des activités pour favoriser :
– la découverte du fonctionnement de la langue : la constitution et l'analyse de corpus par les apprenants orientent la formulation d'une règle tout en développant leur autonomie.
– la réalisation de fonctions langagières qui impliquent la maîtrise d'outils langagiers.
L'exposition régulière à ces outils langagiers (structures langagières, vocabulaire, conjugaisons, orthographe, perception phonétique des sons comme de la prosodie) permet un accès au sens plus rapide et facilite la compréhension orale et écrite ;
L'acquisition de ces outils est une condition nécessaire pour une prononciation et une syntaxe qui rendent le discours intelligible et facilitent la communication. Le rapport phonie-graphie quand il est pertinent est également traité, l'un des objectifs de la méthode étant de redonner à l'écrit la place qui lui revient à une époque où la communication passe davantage par l'écrit (courriel, tchatte, forum, texto…).

Pour favoriser l'appropriation des différents outils langagiers ***Ligne directe*** propose donc :
– des activités pour maîtriser progressivement un vocabulaire adapté et varié ;
– des activités pour se familiariser avec la conjugaison des verbes les plus courants ;
– des activités pour travailler les structures langagières les plus adaptées pour réaliser les fonctions langagières nécessaires à l'accomplissement des tâches dans les contextes proposés ;

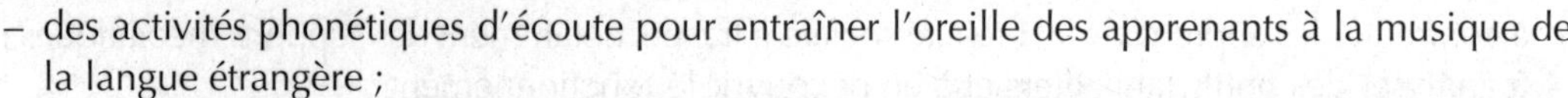

– des activités phonétiques d'écoute pour entraîner l'oreille des apprenants à la musique de la langue étrangère ;
– des activités de discrimination pour distinguer les sons du français et notamment les paires de sons proches ;
– des activités de production pour reproduire le rythme et la mélodie et prononcer les sons du français ;
– des activités pour prendre conscience des spécificités du rapport entre la phonie et la graphie du français.

→ LE PARCOURS PÉDAGOGIQUE

Le parcours pédagogique se compose de trois parties intitulées « défi ». Les deux premiers défis ont pour principal objectif l'acquisition des compétences langagières nécessaires à la réalisation de tâches. Le troisième défi vise principalement le renforcement et l'élargissement du lexique et l'acquisition de compétences socioculturelles et interculturelles.

VOTRE MISSION

La première page de l'unité est une « accroche » qui a pour objectif de sensibiliser les apprenants à la tâche qu'ils auront à réaliser, au contexte dans lequel ils auront à la réaliser et aux moyens qu'ils devront mettre en œuvre pour sa réalisation.

Je découvre la mission

Avant d'ouvrir le livre, demander aux apprenants de fermer les yeux, d'écouter le document sonore et de laisser libre court à leur imagination. Vous pouvez baisser le son au début de l'enregistrement pour que l'intitulé de la mission ne s'entende pas.
Ce document sonore a pour objectif de plonger les apprenants dans l'univers dans lequel ils vont évoluer pendant l'unité et de les mettre sur la voie de la tâche qu'ils auront à accomplir. Après l'écoute, ils prennent leur cahier d'exercices pour noter les indices repérés.
Enfin, ils prennent leur livre pour observer l'illustration et repérer des indices visuels. Ces indices vont leur permettre de confirmer ou infirmer les hypothèses émises précédemment.

Je prépare la mission

Avant de découvrir le tableau du cahier, demander aux apprenants ce qu'il faut faire pour réaliser la tâche (ex. : organiser un concours). L'objectif de l'activité est d'amener les apprenants à lister des compétences nécessaires pour réaliser la tâche et de déterminer celles qu'ils maîtrisent déjà (ou du moins les composantes de la compétence qu'ils maîtrisent déjà) et celles qu'ils doivent encore acquérir. Les inviter à comparer leur liste et la liste proposée dans le cahier qui n'est pas « la » liste de référence mais « une » liste. Les apprenants peuvent faire d'autres propositions qui, si elles sont pertinentes, doivent être validées.

LE 1ER ET LE 2^E^ DÉFI

Il s'agit ici de favoriser l'acquisition de compétences langagières nécessaires à la réalisation de tâches que des adolescents peuvent être amenés à accomplir dans la société d'aujourd'hui ou dans un avenir plus ou moins proche. Ces tâches sont ancrées dans la réalité et l'univers fictionnel des adolescents.

Je comprends

Dans la mesure du possible, les documents proposés ici ont été sélectionnés de manière à alterner document audio et écrit, sauf si la spécificité du défi imposait l'un ou l'autre.
Ces documents sont des documents authentiques ou à caractéristiques authentiques à partir

desquels les tâches à réaliser offrent aux apprenants un véritable projet de lecture et/ou d'écoute.

◆ **Anticipation :**
Inviter les élèves à observer les documents et/ou les illustrations des documents déclencheurs de manière à leur faire repérer des indices pour émettre des hypothèses sur les paramètres de la situation de communication avant toute lecture ou écoute du document : Qui parle ou écrit ? À qui ? De quoi ? Où ? Quand ? Comment ? Pourquoi ?
En fonction de la situation, toutes les questions ne sont pas forcément pertinentes. Il appartient à l'enseignant de sélectionner celles dont la réponse favorise la découverte d'un des éléments du contexte de communication.
Toutes les hypothèses sont bonnes et vont favoriser l'accès au sens, il faut donc laisser les apprenants s'exprimer comme lors d'un remue-méninges. L'enseignant peut noter au tableau les différentes propositions.
Si le groupe en a besoin, l'enseignant peut aussi guider davantage l'activité en proposant lui-même plusieurs réponses possibles (type QCM). Les apprenants auront alors à sélectionner celle qui leur semble pertinente.

◆ **Compréhension globale :**
Faire écouter ou lire les documents de manière à permettre aux apprenants de vérifier les hypothèses émises précédemment. Cette première écoute ou lecture peut être partielle, l'essentiel étant que les apprenants puissent identifier les paramètres de la situation de communication.

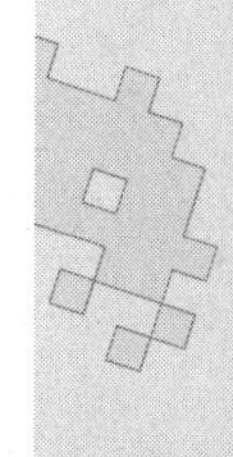

◆ **Compréhension détaillée (1) :**
Faire écouter ou lire une deuxième fois les documents pour identifier les informations nécessaires à la réalisation de la tâche de réception proposée.

◆ **Mise en commun :**
Inviter les apprenants à mettre en commun les informations relevées de manière à orienter la troisième écoute.

◆ **Compréhension détaillé (2) :**
Faire écouter ou lire une troisième fois les documents pour vérifier et compléter les éléments relevés.

Je découvre la langue

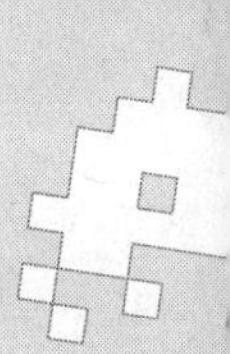

◆ **Repérage :**
Cette étape est la première des deux étapes de l'analyse du fonctionnement de la langue. C'est la trace dans le livre de l'apprenant de ce qui va être conceptualisé puis systématisé dans le cahier. On propose deux activités qui sont liées.
Pour cette phase de repérage, une première activité est proposée dans le livre. Les apprenants sont amenés à identifier la fonction langagière (acte de parole, acte de langage, acte de communication) illustrée par la mise en scène du dessin. Cet exercice prend la forme d'un QCM.
Une seconde activité est proposée dans le cahier. Cette fois, les apprenants sont invités à relever dans les documents écrits et/ou les transcriptions des documents oraux des exemples qui illustrent les fonctions langagières proposées.

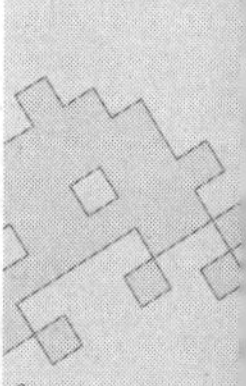

◆ **Conceptualisation :**
Cette étape est la deuxième des deux étapes de l'analyse du fonctionnement de la langue.
L'apprenant a cette fois à identifier les outils langagiers utilisés pour réaliser une fonction langagière (acte de parole, acte de langage, acte de communication).
On propose là encore deux activités.
La première sera proposée dans le livre. Les apprenants sont amenés à identifier les outils langagiers utilisés par le protagoniste de la scène illustrée. Cet exercice prend également la forme d'un QCM.

La seconde est proposée dans le cahier. Les apprenants sont invités à analyser les extraits relevés précédemment afin de dégager les outils langagiers utilisés.
À partir de cette analyse, les apprenants sont invités à formuler une règle simple d'utilisation avec leurs mots à eux. Lors de cette étape, surtout en début d'apprentissage, ils pourront avoir recours à leur langue maternelle.

Je m'entraîne

Lors de cette étape les apprenants seront amenés à réaliser des activités favorisant l'acquisition des outils langagiers (phonétique, lexique, morphologie, syntaxe, orthographe) repérés précédemment. Il ne s'agit donc pas de faire produire les apprenants mais de les amener grâce notamment à la répétition, à la transformation, à la reformulation, à s'approprier les nouveaux outils langagiers.
À cette étape, on trouve dans le livre : un exercice de phonétique et une activité de systématisation à l'oral et, dans le cahier, deux exercices de phonétique et plusieurs activités de systématisation à l'oral et à l'écrit.
Les différents exercices et activités proposés dans le livre et le cahier sont en lien avec les thématiques de l'unité et s'inscrivent dans une situation de communication à caractère authentique, ceci afin que l'apprenant identifie clairement les situations dans lesquelles il pourra être amené à réutiliser les outils langagiers qu'il systématise. Il pourra ainsi prendre conscience de l'enjeu de ses efforts.

Des exercices autocorrectifs sont proposés dans le cédérom.

Je passe à l'action

On propose enfin aux apprenants une activité permettant de réemployer les outils langagiers systématisés précédemment.
Il s'agit d'une micro-tâche de 15 minutes environ. Cette micro-tâche permet de vérifier si les objectifs visés dans le défi ont été atteints. Il convient d'inscrire cette activité dans une perspective d'évaluation formatrice et formative afin de favoriser la réussite des apprenants.
Pour ce faire, il est nécessaire de :
- faire analyser les sujets d'activités proposées aux apprenants pour en faire déduire les objectifs opérationnels, cela afin de vérifier que leur interprétation des sujets correspond aux attentes du concepteur (cf. grille d'évaluation proposée pour chaque activité) ;
- proposer une démarche aux apprenants pour leur permettre de planifier les activités ;
- reformuler les critères d'évaluation pour proposer des critères d'auto-évaluation et les faire expliciter par les apprenants pour qu'ils puissent s'assurer que leur production correspond à la performance attendue ;
- faire analyser la production des apprenants pour faire repérer des indices de performance et dégager des axes d'amélioration afin de mettre en œuvre des activités de correction variées et d'inciter l'apprenant à s'auto-corriger ;
- faire des bilans collectifs pour réguler l'enseignement/apprentissage en fonction des informations recueillies ;
- faire des bilans individualisés et les transmettre à l'apprenant en insistant sur les réussites.

LE 3E DÉFI

Le 3e défi a pour objectif principal l'acquisition d'une véritable compétence interculturelle. Les documents qui servent de support à ce 3e défi ne seront donc pas exploités comme ceux des 1er et 2e défis. Une compréhension détaillée des documents n'est pas nécessaire : une compréhension globale du document peut suffire pour exposer les apprenants à d'autres manières de vivre, de faire, de penser… et les amener à réaliser à travers cette exposition qu'il n'y a pas qu'une manière d'être.

La démarche proposée va permettre de :
- mettre au jour les représentations des apprenants sur d'autres cultures afin de dégager les stéréotypes dominants en vue de les dépasser et de prévenir les malentendus ;
- d'encourager une ouverture sur le monde en favorisant la circulation de points de vue sur différentes cultures et sur sa propre culture afin de familiariser les apprenants au pluriculturalisme.

L'enseignement/apprentissage d'une langue se doit de contribuer à l'amélioration des relations internationales en offrant à l'apprenant la possibilité d'acquérir des connaissances et des réflexes et d'adopter des attitudes pour jouer un rôle d'intermédiaire culturel.

Ligne directe propose d'aborder des problématiques diversifiées au travers de documents authentiques ou à caractères authentiques dont les dimensions génériques et transculturelles favorisent l'apprentissage de la langue et l'acquisition d'un capital culturel diversifié. Le 3e défi favorise aussi la découverte d'une réalité socioculturelle autre en exposant les apprenants à des supports dont les contenus suscitent une réflexion sur les caractéristiques de la population de la langue/culture cible pour faire appréhender la société française/francophone dans sa diversité.

L'enjeu principal de ce 3e défi n'est donc pas l'acquisition d'outils langagiers nouveaux. En revanche, il va permettre de réemployer, de renforcer voire d'enrichir les outils acquis dans les 1er et 2e défis notamment du point de vue lexical.

À partir du lexique travaillé dans ce 3e défi, on peut proposer aux apprenants de compléter leur auto-dico (cahier d'exercices p. 115). Auto-dico qu'ils pourront illustrer par des photos ou des collages.

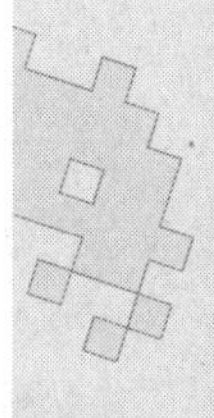

◆ **Découverte des supports :**

Inviter les apprenants à observer les différents documents proposés dans le livre de l'apprenant pour identifier si ces documents sont familiers pour eux et en quoi ils peuvent l'être.

Inviter ensuite les apprenants à identifier le lien entre les différents documents proposés et la spécificité de chacun d'entre eux par une lecture ou une écoute qui doit être très partielle (titre ou introduction des documents par exemple).

Ces activités doivent se dérouler très rapidement et ne doivent pas permettre aux apprenants d'entrer dans les textes.

◆ **Émergence des représentations :**

Inviter les apprenants à prendre connaissance de l'activité qu'ils auront à accomplir dans le cahier d'activités.

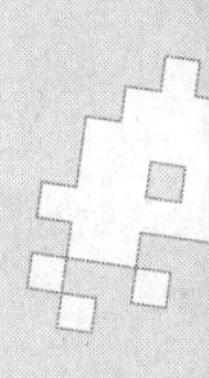

Quand cela s'avère pertinent, proposer aux apprenants de réaliser cette activité individuellement avant de lire ou d'écouter les documents. Ils s'appuieront ainsi naturellement sur leurs représentations pour faire l'activité proposée.

◆ **Mise en regard des représentations :**

Inviter les apprenants, par groupes de 2 ou 3, à mettre leurs réponses en commun afin qu'ils confrontent leurs représentations.

Leur faire identifier dans quel(s) document(s), dans quel(s) extrait(s) de document(s), ils pourront trouver les informations nécessaires pour valider leurs réponses.

Grâce à cette auto et co-correction, chaque apprenant pourra faire évoluer ses représentations.

◆ **Renforcement d'outils langagiers :**

Inviter les apprenants à identifier dans les supports le vocabulaire d'un des champs lexicaux abordés dans le 1er défi et/ou le 2e défi et le renforcer à travers des activités ludiques.

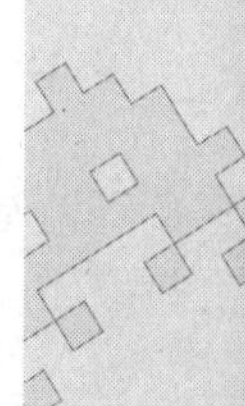

La ou les activité(s) proposée(s) peuvent selon les cas être intercalée(s) avant ou après les activités concernant les représentations des apprenants.

◆ **Passage à l'action :**

Il s'agit d'une micro-tâche de 15 minutes environ. Cette micro-tâche peut, selon la thématique et le contexte dans lesquels elle s'inscrit, permettre d'inviter les apprenants à se décentrer en adoptant le point de vue d'un autre, à s'interroger sur leurs propres modes de fonctionnement au regard de ceux des autres, à mettre leurs connaissances culturelles au service des autres.

Cette étape permet d'amener l'apprenant à réaliser des tâches qui vont contribuer à le préparer à jouer son rôle d'intermédiaire culturel.

ET MAINTENANT JE SAIS

Les élèves retrouveront sous forme de tableau la trace des acquisitions langagières de l'unité.

◆ ***Grammaire / communication*** :

Chaque objectif de communication est illustré par des exemples. Les outils langagiers utilisés dans chaque exemple sont ensuite décrits.

◆ ***Lexique*** :

Chaque objectif de communication est illustré par des exemples extraits des documents de l'unité.

Grâce à la démarche proposée qui permet d'aller du particulier au général, l'élève s'approprie différentes structures ou différentes expressions pour réaliser un même acte de communication qu'il pourra réemployer dans d'autres contextes.

Ces tableaux sont des outils pour l'apprenant. Il pourra les consulter après avoir réalisé les activités de découverte de la langue afin de valider son travail. En fin d'unité, il pourra également les consulter pour faire un bilan de ce qu'il sait.

Les outils langagiers décrits dans le tableau « grammaire/communication » sont repris et expliqués dans le précis grammatical en fin d'ouvrage.

MISSION

Placée en vis-à-vis de la page « Et maintenant je sais » qui va aider les élèves dans leur production, la page « Mission » détaille les étapes de réalisation de la tâche finale, individuelle ou collective selon les moments de la réalisation. Comme pour les micro-tâches des défis, les thèmes choisis appartiennent à l'univers des adolescents et trouvent naturellement un écho dans leur réalité quotidienne.

ÉVALUATION

L'activité d'évaluation proposée en fin d'unité est une activité ludique : *Jeu de l'oie, Quiz, Singes et cocotiers*, trois jeux qui permettent de vérifier les acquis langagiers et culturels de l'unité.

Quiz

Modalité	Le jeu se joue à 2 équipes face à face. Les questions posées sont classées en 3 catégories et s'inspirent toutes du contenu de l'unité.
But du jeu	Faire gagner son équipe en répondant correctement au maximum de questions.
Matériel	Feuilles et stylos pour noter les réponses aux questions.
Déroulement de l'activité	• Chaque équipe de joueurs lit les fiches du jeu et prépare les réponses à donner. • On tire à pile ou face l'équipe qui commence. • L'équipe qui commence (équipe A) choisit une fiche et propose une réponse. • L'autre équipe (équipe B) fait une contreproposition ou dit qu'elle est d'accord avec la réponse de l'équipe A. • Chaque équipe note sa réponse. • C'est au tour de l'équipe B de commencer. On continue ainsi jusqu'à épuisement des cartes. • À la fin du jeu, on peut faire une correction collective avec l'aide du professeur et compter les points marqués pour chaque bonne réponse.

Le jeu de l'oie

Modalité	Le jeu se joue à 2 personnes minimum ou 2 équipes. Le plateau de jeu est constitué de 17 cases questions et de 3 cases d'actions : « Je passe mon tour », « Je recule de 2 cases » et « J'avance de 2 cases ». Les questions posées s'inspirent toutes du contenu de l'unité.
But du jeu	Atteindre la case d'arrivée en premier en répondant correctement aux questions.
Matériel	Un dé, un pion par joueur ou par équipe. (Pour les pions, vous pouvez utiliser des capuchons de stylos, des bouts de papier de couleur, etc.)
Déroulement de l'activité	• Chaque joueur lance le dé. Celui qui obtient le plus grand chiffre commence. • Chacun leur tour, les joueurs lancent le dé et font avancer leur pion du nombre de case équivalent au chiffre indiqué par le dé. • Le joueur doit répondre à la question qui est inscrite dans la case où il tombe. • S'il réussit, il avance d'une case. Dans le cas contraire, il reste à sa place. • Le premier arrivé à la case « Arrivée » a gagné.

Singes et cocotiers

Modalité	Le jeu se joue à 2 personnes minimum ou 2 équipes. Le plateau de jeu est constitué de 23 cases « actions ». Les cases « actions » sont celles où sont situés les singes et les cocotiers. Les questions posées s'inspirent toutes du contenu de l'unité.
But du jeu	Atteindre la case d'arrivée en premier en répondant correctement aux questions.
Matériel	Un dé, un pion par joueur ou par équipe. (Pour les pions, vous pouvez utiliser des capuchons de stylos, des bouts de papier de couleur, etc.)
Déroulement de l'activité	• Chaque joueur lance le dé. Celui qui obtient le plus grand chiffre commence. • Chacun leur tour, les joueurs lancent le dé et font avancer leur pion du nombre de case équivalent au chiffre indiqué par le dé. • Le joueur doit répondre à la question dont le numéro est inscrit dans la case où il tombe. • S'il réussit, il avance d'une case. Dans le cas contraire, il reste à sa place. • Celui qui tombe sur une case dans laquelle il y a la queue du singe monte jusqu'aux bananes. • Celui qui tombe sur une case dans laquelle il y a le pied du cocotier doit redescendre jusqu'aux feuilles. • Le premier qui atteint la case « Arrivée » a gagné.

ÉVALUATION SOMMATIVE

Dans le **guide pédagogique**, un bilan photocopiable est proposé à la fin de chaque unité. 4 exercices sont proposés et permettent de contrôler les connaissances acquises par les apprenants. Ils sont axés sur les outils langagiers à maîtriser pour mettre en œuvre certaines compétences langagières nécessaires à la réalisation des tâches de l'unité. L'enseignant peut donc proposer cette évaluation sommative aux apprenants avant de commencer l'unité suivante afin de s'assurer que les apprenants maîtrisent ces outils langagiers. Les corrigés des bilans sont à la fin du guide pédagogique.

PRÉPARATION AU DELF

Les activités de préparation au Delf proposées dans le cahier sont basées sur les épreuves telles qu'elles sont décrites dans les documents de références de la commission nationale du DELF et du DALF. Elles permettent de familiariser les apprenants aux épreuves.

Nature des épreuves	Durée	Note sur
Compréhension de l'oral Réponse à des questionnaires de compréhension portant sur trois ou quatre très courts documents enregistrés ayant trait à des situations de la vie quotidienne (2 écoutes). Durée maximale des documents : 5 minutes	25 minutes environ	/25
Compréhension des écrits Réponse à des questionnaires de compréhension portant sur 3 ou 4 documents écrits ayant trait à des situations de la vie quotidienne.	30 minutes	/25
Production écrite Rédaction de 2 brèves productions écrites (lettre amicale ou message) : • décrire un événement ou des expériences personnelles ; • écrire pour inviter, remercier, s'excuser, demander, informer, féliciter.	45 minutes	/25
Production orale Épreuve en trois parties : • entretien dirigé ; • échanges d'informations ; • dialogue simulé.	6 à 8 minutes (préparation 10 minutes)	/25

Afin de préparer progressivement les apprenants aux épreuves du DELF scolaire ou junior, les activités proposées sont réparties comme suit :

- **Unité 1** : Compréhension de l'oral
- **Unité 2** : Compréhension des écrits
- **Unité 3** : Production orale
- **Unité 4** : Production écrite
- **Unité 5** : Compréhension de l'oral et production orale
- **Unité 6** : Compréhension des écrits et production écrite

 Les audios du DELF sont accessibles sur le cédérom.

LES ACTIVITÉS COLLABORATIVES

Le potentiel du groupe

Les activités de groupe sont valorisées au sein de la méthode car elles possèdent de multiples avantages :

- le travail produit par le groupe est plus efficace que le travail produit par un individu ;
- le groupe stimule l'action, soutient l'effort et augmente la créativité ;
- le groupe est l'occasion d'une concertation, d'une correction mutuelle ;
- la phase de travail en groupe(s) améliore les performances de l'individu ;
- le travail de groupe(s) est source de changement ;
- en grand groupe, le participant est amené à jouer un rôle et à ne pas être lui-même. La taille optimale pour que chacun garde sa spontanéité varie selon les personnes et les cultures. Pour beaucoup, le seuil est situé à 5 ou 6 personnes ;
- le travail en sous-groupes permet une expression plus libre de chacun. L'absence du formateur facilite d'ailleurs cette expression ;
- le temps de parole de chacun est plus important ;
- les échanges permettent de renforcer l'écoute réciproque, la cohésion du groupe et les liens entre les participants. Ainsi le sous-groupe favorise la formation mutuelle et facilite la prise de responsabilité ;
- le travail en groupe(s) produit une dynamique qui est favorable à l'apprentissage ;
- le travail en sous-groupes doit être organisé de façon structurée. Le formateur doit être strict et directif pour la procédure de travail et non directif sur le contenu du travail à réaliser.

Les caractéristiques d'une activité collaborative

- L'activité solidarise le groupe face à une expérience commune.
- Elle multiplie les contacts au sein du groupe.
- Elle incite les apprenants à s'observer.
- Elle favorise l'égalité de statut entre les membres du groupe.
- Elle donne au groupe des informations sur la personnalité de chacun.
- Elle incite les apprenants à se livrer.
- Elle implique l'équité des prises de parole.
- Elle réduit le temps de parole de l'enseignant au profit des apprenants.
- Elle permet aux apprenants de s'approprier l'espace classe.
- Elle mobilise l'attention des apprenants.
- Elle fait agir physiquement les apprenants.
- Elle permet d'introduire l'humour dans la classe.
- Elle permet d'instaurer un climat de confiance.
- Elle est ludique.
- Elle mobilise au moins trois sens.
- Son enjeu n'est pas purement linguistique.

Typologie

La criée

Nombre de participants	Grand groupe divisé en deux ou trois équipes ou plusieurs sous groupes.
Durée estimée	10 minutes
Déroulement	À tour de rôle des apprenants animent l'activité. L'animateur donne des indices (mimes, lettres, chiffres, numéros, etc.) à partir desquels les participants doivent retrouver une information (code, nom, etc.). Le joueur ou l'équipe qui trouve la réponse marque un point.
Exemple d'activité	Cahier d'exercices, activité 6 p. 16.

Les dés sont jetés (variante : Pioche)

Nombre de participants	Groupes de 2.
Durée estimée	10 minutes
Déroulement	Les apprenants interagissent en fonction de données tirées au sort. Le tirage au sort s'effectue avec un dé dont le lancer détermine l'élément avec lequel l'apprenant doit réaliser l'activité. Lorsque le nombre d'éléments est supérieur à 6, les apprenants doivent faire des petits papiers numérotés de 1 à 8 ou 10 (selon le nombre d'éléments proposés), les plier et les placer au centre de la table pour pouvoir tirer au sort. Après chaque tirage, on remet le papier froissé au centre et on mélange l'ensemble des papiers.
Exemple d'activité	Cahier d'exercices, activité 8 p. 10.

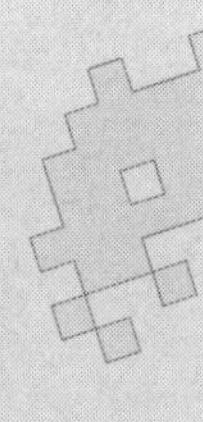

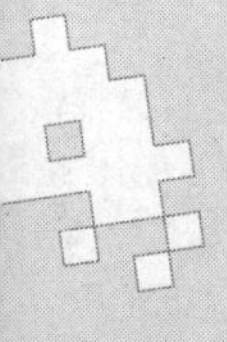

Entre amis

Nombre de participants	Groupes de 4. Un nombre pair de participants est nécessaire. En cas de besoin, l'enseignant participera à l'activité.
Durée estimée	15 minutes
Déroulement	Chaque apprenant répond à un questionnaire. Il doit ensuite interroger les membres de son groupe pour identifier celui ou celle avec qui il a le plus de réponses communes.
Exemple d'activité	Cahier d'exercices, activité 6 p. 63.

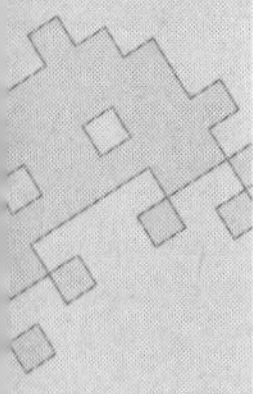

Lancer de balle

Nombre de participants	Groupes de 5 ou 6.
Durée estimée	10 minutes
Déroulement	Chaque groupe forme un cercle, au milieu duquel on dispose des cartes faces cachées. Le lancer de la balle (ou boule de papier froissée) sert à donner la parole. Le lanceur interroge le joueur à qui il lance la balle. Le joueur qui reçoit la balle tire une carte et formule sa réponse en fonction de celle-ci. Puis, à son tour, il pose une question à un autre joueur en lui lançant la balle, etc.
Exemple d'activité	Modalité envisageable pour l'activité 5 p. 31 du livre de l'élève.

Bataille langagière

Nombre de participants	Groupes de 2.
Durée estimée	20 minutes
Déroulement	Les apprenants dessinent secrètement trois bateaux dans trois cases de leur choix. Pour détruire les bateaux de l'adversaire, il faut les localiser. Cette activité est inspirée du jeu de société « La bataille navale ».
Exemple d'activité	Cahier d'exercices, activité 5 p. 33.

Les différences

Nombre de participants	Groupes de 2. Un nombre pair de participants est nécessaire. En cas de besoin, l'enseignant participera à l'activité.
Durée estimée	10 minutes
Déroulement	Les apprenants disposent de 2 minutes pour observer les illustrations. Les deux illustrations sont similaires à quelques différences près. A et B doivent échanger oralement en fonction des consignes de l'activité afin d'identifier les différences entre les deux illustrations.
Exemple d'activité	Cahier d'exercices, activité 5 p. 16.

Tête à tête

Nombre de participants	Groupes de 2. Un nombre pair de participants est nécessaire. En cas de besoin, l'enseignant participera à l'activité.
Durée estimée	10 minutes
Déroulement	Chaque apprenant possède une partie des informations qui, complétées par celles de l'autre, permettent de reconstituer ou de compléter un document. L'objectif de l'activité est donc d'obtenir les informations manquantes. Les apprenants s'interrogent pour obtenir et donner ces informations.
Exemple d'activité	Cahier d'exercices, activité 6 p. 9.

Tac au tac

Nombre de participants	Groupes de 2. Un nombre pair de participants est nécessaire. En cas de besoin, l'enseignant participera à l'activité.
Durée estimée	10 minutes
Déroulement	Un apprenant énonce une phrase, le deuxième doit la reformuler. Ou un apprenant formule une question et le deuxième doit y répondre.
Exemple d'activité	Cahier d'exercices, activité 8 p. 102.

Levez !

Nombre de participants	Groupes de 4 au moins.
Durée estimée	15 à 20 minutes
Déroulement	Deux apprenants simulent une situation à partir d'une information donnée par le professeur. Les autres écoutent et doivent lever une fiche pour donner une précision orthographique, phonétique ou morphologique.
Exemple d'activité	Cahier d'exercices, activité 1 p. 7.

Mémo

Nombre de participants	Groupes de 5/6.
Durée estimée	10 minutes
Déroulement	Un apprenant donne une information, le deuxième répète l'information du premier et donne une nouvelle information, le troisième répète les deux informations et en ajoute une troisième, et ainsi de suite jusqu'à faire un tour complet. La même information ne peut être utilisée deux fois.
Exemple d'activité	Cahier d'exercices, activité 4 p. 80

Le bouche à oreille

Nombre de participants	Groupes de 5/6.
Durée estimée	15 à 20 minutes
Déroulement	Un apprenant du groupe reçoit une information, il doit la communiquer au deuxième joueur de la file en lui parlant à l'oreille. Le deuxième la communique de la même manière au troisième, etc. Lorsque le dernier reçoit l'information, il la redonne au premier. Si l'information n'est pas exacte, les autres peuvent intervenir.
Exemple d'activité	Cahier d'exercices, activité 10 p. 71.

Enquête de rue

Nombre de participants	Groupes de 4/6.
Durée estimée	15 minutes
Déroulement	Les apprenants ont une liste de propositions aux questions qu'ils doivent formuler et poser aux autres membres du groupe. L'objectif de l'activité est d'indiquer le nom d'une personne différente pour chaque réponse. Avant de commencer l'activité, faire induire les questions en fonction des réponses proposées.
Exemple d'activité	Cahier d'exercices, activité 8 p. 70.

La ronde

Nombre de participants	Groupes de 2. Un nombre pair de participants est nécessaire. En cas de besoin, l'enseignant participera à l'activité.
Durée estimée	10 minutes
Déroulement	Chaque groupe interagit à partir d'un élément (dessin, mot, etc.). À la fin de l'interaction, les apprenants passent cet élément au groupe situé derrière/à côté/devant. À chaque changement, les apprenants changent de rôle.
Exemple d'activité	Modalité envisageable pour l'activité 7 p. 52 du cahier d'exercices.

Pour aller plus loin : *En jeux* (V. Lemeunier (Dir), J. Cardon, M. Gracia, Scéren, 2010)

PHONÉTIQUE

Les voyelles du niveau A2.2

Son	[i] vie	[e] fée	[ɛ] très
Position de la langue	Langue très en avant, la pointe contre les dents du bas.	Langue en avant de la bouche, la pointe contre les dents du bas.	Langue en avant de la bouche, la pointe contre les dents du bas.
Ouverture de la bouche et forme des lèvres	Bouche très resserrée lèvres étirées.	Bouche resserrée, lèvres légèrement étirées.	Bouche ouverte, lèvres ni étirées ni en avant.
De l'un à l'autre	[i] à [e] garder la langue en avant, relâcher légèrement la mâchoire pour ouvrir la bouche, relâcher les lèvres pour moins les étirer.	[e] à [ɛ] garder la langue en avant, relâcher la tension de la mâchoire pour ouvrir la bouche, relâcher les lèvres pour ne pas les étirer.	

Son	[e] fée	[ø] deux
Position de la langue	Langue en avant de la bouche, la pointe contre les dents du bas.	Dos de la langue relevé vers le milieu de la bouche.
Ouverture de la bouche et forme des lèvres	Bouche resserrée, lèvres légèrement étirées.	Bouche fermée, lèvres arrondies.
De l'un à l'autre	[e] à [ø] reculer la langue à l'intérieur de la bouche, avancer les lèvres.	[ø] à [e] avancer la langue à l'intérieur de la bouche, reculer les lèvres.

Son	[ɛ̃] plein	[õ] donjon	[ã] cent
Position de la langue	Langue en avant de la bouche.	Langue vers l'arrière de la bouche.	Langue un peu en arrière, aplatie.
Ouverture de la bouche et forme des lèvres	Bouche ouverte, lèvres étirées, voile du palais baissé.	Bouche légèrement ouverte, lèvres en avant très arrondies, voile du palais baissé.	Bouche très ouverte, lèvres arrondies, voile du palais baissé.
De l'un à l'autre	[ɛ̃] à [õ] Avancer les lèvres pour arrondir la bouche, reculer la langue vers le fond du palais.	[õ] à [ã] Ouvrir la bouche en abaissant la mâchoire, avancer légèrement la langue vers le milieu du palais.	[ã] à [ɛ̃] Étirer les lèvres, resserrer la mâchoire, avancer la langue vers l'avant de la bouche.

Les semi-voyelles

Son	[j] essayer	[ɥ] circuit	[w] miroir
Position de la langue	Langue en contact avec le palais au milieu de la bouche.	Langue en contact avec le palais au milieu de la bouche.	Langue relevée en arrière de la bouche.
Ouverture de la bouche et forme des lèvres	Bouche resserrée lèvres étirées.	Bouche très resserrée, lèvres en avant.	Bouche très resserrée, lèvres en avant.
De l'un à l'autre	[j] à [ɥ] avancer les lèvres.	[ɥ] à [w] reculer la langue dans la bouche.	

Les consonnes du niveau A2.2

Son	[t] tard	[d] dos
Position de la langue et forme des lèvres	Pointe de la langue contre les dents du haut, lèvres étirées.	Pointe de la langue contre les dents du haut, lèvres étirées.
Vibration des cordes vocales	Non	Oui
De l'un à l'autre	[t] à [d] faire vibrer les cordes vocales en relâchant la tension.	

Son	[b] botte	[v] vérité
Position de la langue et forme des lèvres	Pointe de la langue contre les dents du bas, lèvres pincées momentanément puis ouvertes.	Pointe de la langue contre les dents du bas, lèvre inférieure contre les dents du haut.
Vibration des cordes vocales	Non	Oui
De l'un à l'autre	[b] à [v] relâcher la lèvre du haut pour ne plus fermer complètement la bouche et laisser l'air passer entre la lèvre inférieure et les dents supérieures.	

Son	[k] couloir	[g] gauche
Position de la langue et forme des lèvres	Langue relevée vers le voile du palais au fond de la bouche.	Langue relevée vers le voile du palais au fond de la bouche.
Vibration des cordes vocales	Non	Oui
De l'un à l'autre	[k] à [g] faire vibrer les c ales en relâchant la tension.	

LES STRATÉGIES

L'apprenant est invité à réfléchir sur son apprentissage et sur les stratégies qu'il peut mettre en place. Tout au long de l'année, avec son professeur, il peut revenir sur cette page et faire le point sur ses progrès.

UNITÉ 1

VOTRE MISSION

→ ÉCRIRE UN RÉCIT À PARTIR D'UNE BD .... p. 9

	Objectifs pragmatiques	Objectifs sociolinguistiques et interculturels	

Compétences nécessaires pour la réalisation des micro-tâches et de la tâche	• Relater des faits passés
	• Décrire une situation passée
	• Parler d'une habitude passée
	• Exprimer la durée
	• Énumérer des faits passés
	• Donner une précision de temps
		• Utiliser le registre neutre et formel
		• Respecter le rituel de l'interaction dans les échanges :
		  • rituel de politesse
		  • tours de paroles
		• Respecter le rituel de présentation d'un récit
		• Adopter un comportement ouvert pour être à l'écoute des autres et découvrir des univers de la BD dans le monde	

	Outils langagiers à acquérir		
	Grammaire	**Lexique**	**Phonétique**
	• L'opposition imparfait / passé composé • Quelques indicateurs temporels • Le pronom relatif *ou*	• Les divertissements • La bande dessinée • L'école • Les souvenirs	• L'opposition [e] / [ɛ] • La prosodie du récit

JE DÉCOUVRE LA MISSION

Livre de l'élève p. 9

Ce document sonore a pour objectif de plonger les apprenants dans l'univers de l'enfance et des souvenirs d'enfance dans lequel ils vont évoluer pendant l'unité et de les mettre sur la voie de la tâche qu'ils auront à accomplir : *écrire un récit à partir d'une BD*.

Cahier d'exercices p. 3

Inviter les élèves à noter les indices trouvés dans le cadre.
Indices sonores : bruits d'une personne qui tourne des pages, qui prend des notes, qui écrit, qui souligne, qui dessine.

Livre de l'élève p. 9

Les apprenants prennent leur livre p. 9 afin d'observer la photo pour repérer les indices visuels qui vont leur permettre de valider les réponses faites précédemment.
Indices visuels : une jeune adolescente est assise en tailleur sur son lit, on voit des livres autour d'elle. Elle est plongée dans la lecture d'une bande dessinée dont on voit la couverture. Il s'agit d'un ouvrage destiné à un public de jeunes filles de son âge : « L5 : histoires d'elles ». Sur l'illustration de la couverture, on peut voir de jeunes sirènes qui sont les héroïnes de l'histoire.

JE PRÉPARE LA MISSION

Cahier d'exercices p. 3

Qu'est-ce que je sais faire ?	Qu'est-ce que je vais apprendre ?
• Décrire une situation passée (niveau 2, unité 6) • Raconter un fait passé (niveau 2, unités 3 et 4) • Indiquer la fréquence d'une activité (niveau 1, unité 5) • Indiquer la durée d'une activité (niveau 1, unité 5)	• Relater des faits passés • Parler d'une habitude passée • Donner une précision de temps • Exprimer la durée • Énumérer des faits passés

1ER DÉFI : JE RACONTE TROIS SOUVENIRS D'ENFANCE

À NOTER

Le 1er défi peut faire l'objet d'une collaboration avec le professeur d'histoire-géographie.

JE COMPRENDS

 **Livre de l'élève p. 10**

→ Anticipation

Réponses possibles pour l'illustration du document ①

1. Une interview, une biographie.
2. Une chanteuse, une actrice, un mannequin français ou francophone.

Réponses possibles pour le document ②

1. Une interview, un extrait de pièce de théâtre.
2. Amina à Marguerite Abouet.

Réponses possibles pour le document ③

1. Il sourit, il rit, il salue, il remercie.
2. Sur une scène.

→ Compréhension globale

Réponses attendues pour le document ①

1. Une interview.
2. La chanteuse Camille.

Réponses attendues pour le document ②

1. Une interview.
2. Une journaliste du magazine *Amina* à Marguerite Abouet, auteure de la bande dessinée *Aya de Yopougnon*.

Réponses attendues pour le document ③

1. Il sourit.
2. Sur scène.

Cahier d'exercices p. 4

→ Compréhension détaillée

La tâche de réception est une activité collaborative qui donnera lieu à des corrections mutuelles entre apprenants. En cas de doute ou de litige, l'enseignant interviendra.

JE DÉCOUVRE LA LANGUE

 **Livre de l'élève p. 11**

Pour identifier la fonction langagière de l'illustration : *À mon époque, on avait des machines à écrire*, les apprenants pourront s'appuyer sur les indices fournis par l'illustration : l'air pensif de la mère, son geste de la main sur le menton qui évoque la réflexion de quelqu'un qui cherche à se souvenir, la grimace ou l'air sceptique de la jeune fille, l'ordinateur sur le bureau… Grâce à ces indices, ils pourront comprendre que le personnage « décrit une situation passée ».

Exemple	Que fait le personnage ?	Quelle structure il utilise ?
« À mon époque, on avait des machines à écrire. »	Il décrit une situation passée.	**À mon époque** + imparfait

Pour décrire une situation passée, on peut utiliser l'expression ***à mon époque*** + imparfait.

Cahier d'exercices p. 5-6

3

Transcription

Doc. 3 p. 10

Moi, mon papa, par exemple, il m'a éduqué avec des concepts trop flous. Tous les matins avant de sortir à l'école j'entendais juste :
– Eh !
– Quoi ?
– Fais attention !
Qu'est-ce que tu veux que je fasse avec ça moi, toute ma vie ! Je passais ma vie à faire attention ! Je ne savais même pas à quoi je faisais attention. Je te promets, des fois j'étais comme ça à l'école, assis, mes potes ils disaient :
– Mais Gad, viens jouer !
Je disais :
– Non, non, je dois faire attention.
Mon père des fois il nous disait :
– Vous voulez qu'on joue à cache-cache ?
Nous on disait :
– Oui.
Et il disait :
– Allez vous cacher.
Ben nous, on allait se cacher. Et lui il partait au travail.

→ Repérage

	Doc. 1	Doc. 2	Doc. 3
relater des faits passés	• on n'a pas arrêté de me dire • ça s'est bien passé	• Le magazine *Amina* a rencontré l'auteure • celle que j'ai vue chez ma sœur, mes cousines • J'ai mêlé à tout ça mon imagination • Mes souvenirs m'ont beaucoup marquée • j'ai eu la bonne idée de les écrire	• il m'a éduqué avec des concepts trop flous
décrire une situation passée	• J'adorais le français • ça avait à voir avec les mots • Il fallait analyser • J'étais trop consciencieuse • je n'aimais pas beaucoup les maths • ça n'impliquait aucune émotion • me paniquait • C'était trop abstrait pour moi à l'époque	• j'étais trop jeune lorsque je vivais à Abidjan • les voisines du quartier qui avaient de sacrés caractères • j'aimais les raconter	• Tous les matins, j'entendais juste • Je passais ma vie à faire attention • Je ne savais même pas à quoi je faisais attention. • j'étais comme ça à l'école, assis, mes potes ils disaient • Je disais • il nous disait • on disait • on allait se cacher • il partait au travail

donner une précision de temps	Jusqu'en 4e, on nous faisait faire des rédactions	L'histoire se déroule en 1978 Août 2006	

→ Conceptualisation

Pour…	Je peux utiliser :	Je connais aussi :
relater des faits passés	Le passé composé pour parler d'événements passés	• Le passé composé : sujet + auxiliaire avoir + participe passé (niveau 1, unité 6 ; niveau 2, unité 4) • Le passé composé : sujet + auxiliaire avoir + participe passé (niveau 2, unité 4)
décrire une situation passée	• L'imparfait pour décrire la situation dans laquelle a lieu un événement passé • Imparfait + **lorsque** + imparfait pour décrire deux situations passées • L'imparfait + **à l'époque** • **À mon époque** + imparfait pour décrire une époque passée • **Tous les matins** + imparfait pour décrire une situation habituelle	• L'imparfait • **Avant** + imparfait • **Il y a** + nombre d'années + imparfait • **Dans le temps** + imparfait (niveau 2, unité 6) • **Tous les** + jours de la semaine (niveau 1, unité 5)
donner une précision de temps	• Présent + **en** + année • **Jusqu'en** + période + imparfait • Mois, année	Passé composé + **en** + année (niveau 1, unité 5)

JE M'ENTRAÎNE

Livre de l'élève p. 11

5 Pour parler d'une habitude de mon enfance

Modalité (cf. typologie)	**La ronde**
But de l'activité	Simuler un échange pour parler d'une habitude de son enfance
Objectifs pragmatiques	• Demander confirmation • Confirmer • Décrire une situation passée
Objectif sociolinguistique et socioculturel	• Utiliser le registre neutre : le tutoiement, l'interrogation par l'intonation • Respecter le rituel de l'interaction : les tours de parole
Outil langagier	**Tous les**… + imparfait
Exemple d'échange	*– Tous les lundis matins, tu ratais le bus ?* *– Oui, tous les lundis matins, je ratais le bus.*
Déroulement de l'activité	Chaque apprenant écrit une habitude de son enfance sur un papier. L'apprenant A mime son habitude et l'apprenant B la formule. Puis, on inverse les rôles et on fait circuler les papiers. L'activité se poursuit 10 minutes environ.

Phonétique

Modalité (cf. typologie)	**Levez !**
But de l'activité	Distinguer [e] et [ɛ]
Déroulement de l'activité	Les apprenants réalisent chacun une fiche avec [e] et une fiche avec [ɛ]. Lors de la première écoute, les apprenants se familiarisent avec le corpus. Lors de la deuxième écoute, après chaque énoncé, ils lèvent la fiche [e], s'ils entendent [e] ou la fiche [ɛ], s'ils entendent [ɛ]. Une troisième écoute permettra de valider les réponses.
Corrigé	[e] rentrée, lycée, dessinées, je suis allée, cinéma. [ɛ] sixième, j'aime, matière, scolaire.

Cahier d'exercices p. 7-10

1 Phonétique : Dis-moi si tu as déjà **p. 7**

Modalité	**Exercice de répétition**
But de l'activité	Distinguer [e] et [ɛ]
Déroulement de l'activité	Lors de la première écoute, les apprenants se familiarisent avec le corpus. Après la deuxième écoute, l'apprenant A répète la question et l'apprenant B répète la réponse.

2 Phonétique : Ping-pong au passé **p. 7**

Modalité (cf. typologie)	**Lancer de balle**
But de l'activité	Distinguer phonétiquement l'imparfait et le passé composé.
Déroulement de l'activité	Par groupes de quatre, les apprenants écrivent chacun 3 verbes en « er » sur un papier qui se conjuguent avec l'auxiliaire avoir. Les papiers sont réunis face cachée. À tour de rôle, un apprenant pioche un papier. Il conjugue le verbe pioché à la première personne du passé composé. Il lance la balle à un camarade qui doit conjuguer le même verbe à la première personne de l'imparfait. Celui qui a reçu la balle devient le meneur. Il pioche à son tour, conjugue le verbe à la première personne du passé composé, lance la balle à un camarade qui doit conjuguer le même verbe à la première personne de l'imparfait. L'activité se poursuit jusqu'à épuisement des papiers.
Éléments de correction	Passé composé : J'ai _____ é Imparfait : Je _____ ais exemple : sauter → joueur A : « j'ai sauté » → joueur B : « je sautais »

3 Vocart p. 7

Modalité	**Mots croisés**
Déroulement de l'activité	Individuellement, les apprenants complètent les phrases. Ensuite, par groupes de deux, les apprenants sont invités à comparer leurs réponses et à essayer de se convaincre en cas de désaccord.
Corrigé	1. théâtre - 2. spectacle - 3. humoriste - 4. artiste - 5. auteure - 6. cinéma - 7. héroïne - 8. radio - 9. sketch - 10. bulle

4 La bataille verbale p. 8

Modalité (cf. typologie)	**Bataille langagière**
But de l'activité	Détruire les bateaux de l'adversaire
Objectif pragmatique	Relater des faits passés
Objectif sociolinguistique et socioculturel	• Utiliser le registre neutre • Respecter le rituel du jeu
Outil langagier	Le passé composé : sujet + auxiliaire être / avoir + participe passé
Exemple d'échange	*– Il a eu une bonne idée.* *– Dans l'eau / Coulé !*
Déroulement de l'activité	Chaque apprenant dessine secrètement 3 bateaux dans la grille. Pour détruire les bateaux de son adversaire, il faut les localiser en formulant des phrases au passé composé avec un élément de la première colonne et un élément de la première ligne (Exemple : « Il a eu une bonne idée »). Si le bateau est localisé, l'apprenant répond : « Coulé » ; sinon, il dit « Dans l'eau ! » et c'est à lui de jouer. Le joueur qui arrive à localiser les trois bateaux de son adversaire en premier a gagné.

5 Souvenirs, souvenirs p. 8

Modalité (cf. typologie)	**Les dés sont jetés**
But de l'activité	Simuler un échange pour raconter un souvenir
Objectif pragmatique	Décrire une situation passée
Objectif sociolinguistique et socioculturel	Utiliser le registre neutre
Outil langagier	L'imparfait
Exemple d'échange	*– Je racontais des histoires drôles.*
Déroulement de l'activité	Par deux, les apprenants se racontent des souvenirs. A lance les dés et formule un souvenir à partir de l'élément tiré au sort. B indique son accord ou son désaccord et reformule s'il le juge pertinent. On inverse ensuite les rôles. L'enseignant pourra intervenir en cas de litige pour inviter les apprenants à vérifier auprès d'autres camarades ou à consulter des documents de références (livre, cahier…)

6 Florence Foresti **p. 9**

Modalité	Exercice lacunaire
Déroulement de l'activité	Individuellement les apprenants complètent les phrases en conjuguant les verbes entre parenthèses au temps qui convient : imparfait ou passé composé. (Cette première étape peut être réalisée en devoir à la maison.) Par groupes de deux, les apprenants sont invités à comparer leurs réponses et à essayer de se convaincre en cas de désaccord.
Corrigé	Florence Foresti **est née** en 1973 à Venissieux. Elle **a pris** des cours dans une école de cinéma et de vidéo à Lyon, puis elle **a été** stagiaire dans une émission de télévision. À l'âge de 25 ans, elle **a commencé** sa carrière d'humoriste au café-théâtre « le Nombril du Monde ». Elle **faisait** partie d'un trio féminin appelé « les Taupes Models ». En 2001, son premier one-woman show **a remporté** le prix du jury au festival d'Antibes. Et pourtant petite, Florence **était** une petite fille tranquille. Mais à 8 ans, elle **menait** déjà sa propre bande de copains comme un vrai chef !

7 Le passé **p. 9**

Modalité (cf. typologie)	Entre amis
But de l'activité	Trouver son alter ego
Objectifs pragmatiques	• Décrire une situation passée • Indiquer la fréquence
Objectifs sociolinguistiques et socioculturels	• Utiliser le registre neutre • Respecter le rituel de l'interaction : les tours de paroles
Outils langagiers	• L'imparfait • L'expression « tous les… »
Exemple d'échange	*– Est-ce que tu allais à la mer l'été quand tu étais petit ?* *– Oui, tous les étés, j'allais à la mer. / Non, je n'allais pas à la mer l'été.*
Déroulement de l'activité	On forme des groupes de 4. Chaque apprenant coche les cases de la première colonne correspondant aux activités qu'ils faisaient avec la fréquence indiquée dans son enfance. Dans un deuxième temps, chaque apprenant interroge les autres et coche les cases correspondantes. Puis, ils entourent leurs points communs.

8 Mon grand-père **p. 10**

Modalité (cf. typologie)	Exercice lacunaire
Déroulement de l'activité	L'apprenant complète les phrases en utilisant les expressions de durée indiquées dans la consigne de l'activité en fonction du contexte. (Cette première étape peut être réalisée en devoir à la maison.) Par groupes de deux, les apprenants sont invités à comparer leurs réponses et à essayer de se convaincre en cas de désaccord.

Corrigé	J'aime beaucoup écouter mon arrière grand-père parler de son enfance. Il me raconte comment c'était **quand** il était jeune. **À l'époque**, il habitait à la campagne et il allait à l'école à vélo. En 1935, les écoles n'étaient pas mixtes : il allait à l'école des garçons. **Pendant** presque toute sa scolarité et **jusqu'**à son entrée au collège **en** 1940, il a eu la même institutrice : c'était la classe unique. Il est allé au collège **jusqu'**en 1943 : **à l'époque**, c'était la guerre et il était difficile de continuer ses études.

9 École **p. 10**

Modalité (cf. typologie)	**Les différences**
But de l'activité	Trouver les différences
Objectif pragmatique	Décrire une situation passée
Objectifs sociolinguistiques et socioculturels	• Utiliser le registre neutre • Respecter le rituel de l'interaction : les tours de paroles
Outils langagiers	• L'imparfait • Les expressions « avant » ou « à l'époque », « maintenant »
Exemple d'échange	*– Avant, on faisait les opérations à la main !* *– Oui et maintenant on fait les opérations à la calculatrice !*
Déroulement de l'activité	Les apprenants travaillent par groupes de deux. Ils observent attentivement les deux images de leur cahier puis le referme. Chacun fait la liste des différences entre les deux époques illustrées. Puis, A indique une des différences de sa liste. B indique son accord ou son désaccord. On inverse les rôles. Lorsque A et B ont indiqué toutes les différences retenues, ils vérifient ensemble avec le cahier.
Propositions de corrigé	« – Avant, les filles et les garçons n'allaient pas à la même école. – Oui, maintenant, les écoles sont mixtes. » « – Avant, on faisait des recherches dans des livres. – Oui, maintenant on utilise aussi des ordinateurs ! » « – Avant, les enseignants avaient une estrade. – Oui, maintenant, il n'y a plus d'estrade. » « – Avant, on utilisait des tableaux noirs et des craies. – Oui, maintenant on utilise des tableaux blancs et des feutres. » « – Avant les élèves portaient des blouses. – Oui, maintenant on s'habille comme on veut. » « – Avant, il y avait des pupitres en bois fixés au sol. – Oui, maintenant, il y a des tables et des chaises mobiles. » « – Avant, les classes n'étaient pas très décorées. – Oui, maintenant, on affiche les productions des élèves. »

Autres modalités envisageables	Les apprenants travaillent par groupes de deux. Ils observent attentivement les deux images et simulent l'échange suivant : « – Tu as vu, à cette époque, les filles et les garçons n'allaient pas à la même école. – Oui, et puis, on a fait les écoles mixtes. » Éléments de correction : « – Tu as vu, à cette époque, on utilisait beaucoup les livres et les cahiers ! – Oui, et puis, on a créé l'informatique. » « – Tu as vu, à cette époque, on utilisait des tableaux noirs et des craies. – Oui, et puis, on a acheté des tableaux blancs. » « – Tu as vu, à cette époque, on portait des blouses. – Oui, et puis, on a laissé les élèves choisir leurs vêtements. » « – Tu as vu, à cette époque, il y avait des pupitres en bois fixés au sol. – Oui, et puis, on a préféré le mobilier mobile. » « – Tu as vu, à cette époque, les classes n'étaient pas très décorées. – Oui, et puis, on a inventé la pâte à fixe. » « – Tu as vu, à cette époque, les enseignants étaient des hommes. – Oui, et puis, on a accepté le travail des femmes. »

JE PASSE À L'ACTION

Livre de l'élève p. 11

6 Pour raconter 3 souvenirs d'enfance

L'enseignant pourra choisir une des deux modalités suivantes :

Dans un premier temps, les apprenants travaillent individuellement. Chacun écrit 3 souvenirs d'enfance : deux souvenirs réels et un souvenir inventé par exemple :
« Petit, j'ai eu un accident de bicyclette. À l'époque, j'avais un chat. Je jouais dans le chemin devant la maison. Le chat est passé devant moi. J'ai freiné et je suis tombé. J'ai eu le bras cassé. »
« Lorsque j'étais petit, je vivais au Mexique. Je suis né à Mexico. Ma nourrice s'appelait Margarita. À l'époque, je mangeais des chips et des bonbons au piment. J'allais à l'école au lycée franco-mexicain. »
« À cinq ans, j'ai quitté ma famille pendant deux mois. À l'époque, j'ai eu une maladie des poumons. Je suis allé en colonie à la montagne pour me soigner. J'étais souvent triste parce que mes parents et mes sœurs me manquaient. »
Dans un deuxième temps, on forme des groupes de 3 personnes environ. L'apprenant A raconte ses trois souvenirs d'enfance aux apprenants B et C. Pendant deux minutes maximum, les apprenants B et C interrogent l'apprenant A pour obtenir des informations complémentaires (Exemples : Tu avais quel âge quand tu as eu ton accident ? À quel âge, tu es rentré en France ? Où se trouvait la colonie ?). A répond aux questions le plus naturellement possible. Les apprenants B et C échangent et se mettent d'accord pour indiquer le souvenir qui selon eux a été inventé. L'apprenant A confirme ou donne la bonne réponse. Puis, à son tour, l'apprenant B raconte ses souvenirs aux apprenants C et A, puis l'apprenant C aux apprenants A et B.

Critères d'évaluation

		Oui	Partiellement	Non
Composante pragmatique	L'objectif principal a été atteint : 3 souvenirs d'enfance ont été rédigés.	☐	☐	☐
	Le discours est cohérent.	☐	☐	☐
	Les fonctions langagières utilisées sont pertinentes pour réaliser la tâche : • relater des faits passés ;	☐	☐	☐
	• décrire une situation passée ;	☐	☐	☐
	• donner des précisions de temps.	☐	☐	☐
Composante sociolinguistique	Le registre de langue utilisé est en adéquation avec la situation de communication : registre neutre.	☐	☐	☐
	Le rituel de présentation d'un récit est respecté : identification des personnages, d'un lieu, d'une époque, d'un fait.	☐	☐	☐
Composante linguistique	Le lexique nécessaire pour la réalisation de la tâche est utilisé de manière appropriée : • l'enfance ;	☐	☐	☐
	• les souvenirs ;	☐	☐	☐
	• les expressions de temps.	☐	☐	☐
	Les structures nécessaires sont utilisées de manière appropriée : • à l'époque + imparfait ;	☐	☐	☐
	• lorsque + imparfait + imparfait.	☐	☐	☐
	Les verbes sont conjugués aux temps qui conviennent : • conjugaison des verbes au passé composé et à l'imparfait.	☐	☐	☐
	Les éléments syntaxiques nécessaires pour la réalisation de la tâche sont maîtrisés : • l'accord des noms et des adjectifs en genre ;	☐	☐	☐
	• l'accord des noms et des adjectifs en nombre.	☐	☐	☐
	L'orthographe du lexique nécessaire à la réalisation de la tâche est maîtrisée.	☐	☐	☐

Il convient de communiquer les critères d'évaluation aux apprenants.
L'enseignant pourra s'appuyer sur ces critères pour les reformuler afin de proposer une grille d'autoévaluation aux apprenants.

2ᴱ DÉFI : JE RÉALISE UNE BOITE À SOUVENIRS

À NOTER

Le 2e défi peut faire l'objet d'une collaboration avec le professeur d'histoire-géographie et le professeur d'art plastique.

JE COMPRENDS

Livre de l'élève p. 12

→ Anticipation

Réponses possibles pour l'illustration du document ①

1. Une bande dessinée, un dessin humoristique.
2. Des adultes et un(e) jeune fille.
3. À la maison, dans la chambre de l'adolescente.

Réponses possibles pour l'illustration ②

1. Une boîte, une malle, un coffre, un coffret.
2. À ranger des affaires, à garder des secrets, à cacher quelque chose, à conserver des souvenirs.

→ Compréhension globale

Réponses attendues pour le document ①

1. Une bande dessinée.
2. Un père, une mère et leur fille, Raph.
3. Dans la chambre de Raph.

Réponses attendues pour le document ②

1. Une boîte à souvenirs.
2. À garder des souvenirs d'enfance.

Cahier d'exercices p. 11

→ Compréhension détaillée

Illustration 1 : Spouri, la bande dessinée que lisait le père de Raph.
Illustration 2 : La mère de Raph et ses copines en train de danser, le jour où elles ont fait leur serment d'amitié.
Illustration 3 : La mère de Raph et ses copines en train de goûter, le jour où elles ont fait leur serment d'amitié.
Illustration 4 : Les mèches de cheveux de la mère de Raph et de ses copines qu'elles ont coupées pour faire leur serment.
Illustration 5 : Un ticket de cinéma du père de Raph quand il est allé voir *Stars Wars*.
Illustration 6 : La mère de Raph et ses copines quand elles ont prêté serment.

JE DÉCOUVRE LA LANGUE

Livre de l'élève p. 13

Pour identifier la fonction langagière de l'illustration : *Je t'attends depuis vingt minutes*, les apprenants pourront s'appuyer sur les indices fournis par l'illustration : une personne sous la pluie, trempée, mécontente, qui désigne sa montre, et une autre qui est en train d'arriver, la main dans la poche, très détendue. Grâce à ces indices ils pourront comprendre que le personnage « exprime la durée ».

Exemple	Que fait le personnage ?	Quelle structure il utilise ?
« Je t'attends depuis vingt minutes.»	Il exprime la durée.	**Depuis** + vingt minutes

Pour exprimer la durée, on peut utiliser **depuis** + expression de temps.

Cahier d'exercices p. 12

5 **Transcription**

Doc 2 p. 12

La mère : Raphaëlle, viens, je vais te montrer quelque chose.
Raphaëlle : Qu'est-ce que tu veux me montrer, maman ?
La mère : C'est une boîte à souvenirs que j'ai rangée il y trente ans… en 1980 : c'était l'année où je suis entrée au collège.
Raphaëlle : Tu l'as ouverte depuis ?
La mère : Non, je n'y ai pas touché depuis trente ans, mais heureusement, je me souviens où je l'ai mise ! Tiens, la voilà !
Raphaëlle : Et qu'est-ce qu'elle contient ?
La mère : Patience, patience ! J'attends ce moment depuis trente ans. Regarde : des petits mots, des photos et…
Raphaëlle : Oh ! C'est quoi ça ?
La mère : Des mèches de cheveux de mes trois copines de l'époque : Lisa, Sophie et Clarence. Je me souviens, c'était le jour où on a fait notre serment d'amitié. C'était un après-midi pendant les vacances de Noël : on regardait la télé. Tout à coup, Lisa a eu une super idée : faire une boîte à souvenirs. D'abord on a fait un super goûter, ensuite, on a mis de la musique et on a dansé, puis, on a juré de rester amies pour la vie et enfin, on s'est coupé une mèche de cheveux.
Raphaëlle : Oh, c'est génial comme idée ! J'appelle Léa et Chloé…

→ **Repérage**

	Doc. 1	Doc. 2
décrire une situation passée	• À mon époque on apprenait à être patient. • Ça avait du bon d'attendre • On profitait mieux de ce qu'on avait	• C'était un après-midi • on regardait la télé. Tout à coup, Lisa a eu une super idée • c'était le jour où …
exprimer la durée	Vous faites la queue depuis longtemps ?	• que j'ai rangée il y a trente ans • Tu l'as ouverte depuis ? • Je n'y ai pas touché depuis 30 ans • J'attends ce moment depuis trente ans • Pendant les vacances
énumérer des faits passés		• D'abord, on a fait un super goûter, • ensuite, on a mis de la musique et on a dansé • puis on a juré de rester amies • et enfin, on s'est coupé une mèche de cheveux
donner une précision de temps		• c'était l'année où je suis entrée au collège. • c'était le jour où on a fait notre serment d'amitié

Cahier d'exercices p. 13

→ Conceptualisation

Pour…	Je peux utiliser :	Je connais déjà :
raconter : décrire une situation passée + relater des faits passés	Imparfait + **tout à coup** + passé composé	• Le passé composé : sujet + auxiliaire *avoir* + participe passé (niveau 1, unité 6 ; niveau 2, unité 4) • Le passé composé : sujet + auxiliaire *avoir* + participe passé (niveau 2, unité 4) • Le passé composé S + *avoir/être* + participe passé (niveau 3, unité 1, défi 1) • L'imparfait • **Avant** + imparfait • **Il y a** + nombre d'années + imparfait • **Dans le temps** + imparfait (niveau 2, unité 6) • **Tous les** + jours de la semaine (niveau 1, unité 5) • **À l'époque** + imparfait (niveau 3, unité 1, défi 1)
exprimer la durée	• **Depuis** + nombre + ans pour indiquer le début d'une durée • **Pendant** + nom pour indiquer une durée	
énumérer des faits passés	• **D'abord** + passé composé • **Ensuite** + passé composé • **(Et) Puis** + passé composé • **Enfin** + passé composé	
donner une précision de temps	**C'était** + expression de temps + **où** + passé composé	• Passé composé + **en** + année (niveau 1, unité 5) • Présent + **en** + année • **Jusqu'en** + période + imparfait (niveau 3, unité 1, défi 1)

JE M'ENTRAÎNE

Livre de l'élève p. 13

5 Pour obtenir une précision de temps

Modalité (cf. typologie)	**Les dés sont jetés**
But de l'activité	Simuler un échange pour obtenir une précision de temps
Objectifs pragmatiques	• Demander une précision de temps • Donner une précision de temps
Objectifs sociolinguistiques et socioculturels	• Utiliser le registre informel • Respecter le rituel de l'interaction : les tours de paroles

Outils langagiers	• **Quand est que** + passé composé ? • **C'était** + expression de temps + **où** + passé composé • Intonation interrogative et affirmative
Exemple d'échange	– *Quand est-ce que tu as perdu ta montre ?* – *Je me souviens, c'était le jour où on a fait du cheval.*
Déroulement de l'activité	Par deux, les apprenants simulent un échange entre un adulte et un adolescent. L'apprenant A lance le dé pour interroger l'apprenant B. L'apprenant B lance à son tour le dé pour répondre. On inverse ensuite les rôles. L'activité peut se poursuivre pendant 10 minutes environ.

Phonétique

Modalité	Exercice de répétition
But de l'activité	Reproduire la mélodie du récit
Déroulement de l'activité	Lors de la première écoute, les apprenants se familiarisent avec le corpus. Lors de la deuxième écoute, après chaque énoncé, ils répètent en reproduisant la mélodie. Une troisième écoute permettra de répéter de nouveau avec plus d'aisance.

Cahier d'exercices p. 14-17

1 Phonétique : Tu te souviens ? p. 14

Modalité	Exercice de répétition
But de l'activité	Reproduire la mélodie du récit
Déroulement de l'activité	Lors de la première écoute, les apprenants se familiarisent avec le corpus. Lors de la deuxième écoute, les apprenants travaillent par deux. L'apprenant A répète l'histoire à l'apprenant B en reproduisant la musique du français. L'apprenant A s'aide des indications données dans le livre et l'apprenant B valide en s'aidant des mêmes données. Lors de la troisième écoute, on inverse les rôles.

2 Phonétique : Raconte-moi tes vacances p. 14

Modalité (cf. typologie)	Exercice d'écoute
But de l'activité	Identifier les pauses dans une énumération

Déroulement de l'activité	Lors de la première écoute, les apprenants se familiarisent avec le corpus. Lors de la deuxième écoute, les apprenants placent les virgules dans la transcription. Ensuite, les apprenants travaillent par deux. L'apprenant A lit une phrase en marquant les pauses qu'il a identifiées dans l'enregistrement. L'apprenant B valide ou fait une autre proposition. Une troisième écoute permettra d'inverser les rôles.

3 **Un peu d'ordre** **p. 15**

Modalité (cf. typologie)	**Exercice de transformation**
Déroulement de l'activité	Individuellement, les apprenants construisent des phrases à partir des données fournies. (Cette première étape peut être réalisée en devoir à la maison.) Ils peuvent ajouter « tout à coup », « soudain » comme dans l'exemple. Puis, par groupe de deux, ils comparent leurs réponses et essaient de se convaincre en cas de désaccord.
Corrigé	**1.** Je dormais. Tout à coup le téléphone a sonné. – **2.** Les enfants jouaient dans la cour. Soudain un orage a éclaté. – **3.** Mon père conduisait tranquillement. Tout à coup un chien a traversé la route. – **4.** Les garçons regardaient la télévision. Soudain, la lumière s'est éteinte. – **5.** Elle se promenait dans la rue. Tout à coup elle a glissé sur une peau de banane. – **6.** Je mangeais une pomme. Soudain, j'ai perdu une dent.

4 **Jeu de mimes** **p. 15**

Modalité (cf. typologie)	**La ronde**
But de l'activité	Raconter un incident mimé
Objectifs pragmatiques	• Raconter • Demander confirmation • Confirmer • Infirmer
Objectif sociolinguistique	Utiliser le registre neutre
Outils langagiers	Imparfait + **tout à coup** + passé composé
Exemple d'échange	*– Je faisais mes devoirs. Tout à coup j'ai entendu un cri.*
Déroulement de l'activité	Dans un premier temps, chaque apprenant écrit un incident vécu ou inventé comme dans l'exemple. Dans un deuxième temps, l'apprenant A mime l'incident écrit à l'apprenant B qui le formule. On inverse ensuite les rôles et on fait circuler les papiers. L'activité se poursuit pendant 10 minutes environ.

Autre modalité envisageable	**La criée** : Dans un premier temps, chaque apprenant écrit un incident vécu ou inventé comme dans l'exemple. Dans un deuxième temps, on constitue des équipes. Un des membres de chaque équipe mime l'incident écrit à une autre équipe qui doit s'accorder sur la formulation de l'incident et le rédiger. À la fin de l'activité, chaque équipe vérifie si les incidents rédigés par le groupe correspondent à ceux qui ont été mimés.

5 Comment j'ai commencé à faire des BD p. 15

Modalité	**Exercice d'appariement**
Déroulement de l'activité	Individuellement, les apprenants associent un élément de la première colonne avec l'élément qui convient dans la deuxième colonne. (Cette première étape peut être réalisée en devoir à la maison.) Puis, par groupes de deux, ils comparent leurs réponses et essaient de se convaincre en cas de désaccord.
Corrigé	D'abord, j'ai noté mes idées sur une feuille. Ensuite, j'ai préparé soigneusement mon matériel. Puis, j'ai fait des croquis de mon personnage principal. Après, j'ai ajouté mes bulles et j'ai écrit mon texte. Finalement, j'ai colorié mes vignettes.

6 Emploi du temps p. 16

Modalité (cf. typologie)	**Tête à tête**
But de l'activité	Simuler un échange pour parler des activités scolaires
Objectif pragmatique	• Demander une information • Relater des faits
Objectifs sociolinguistiques	• Utiliser le registre amical • Respecter le rituel de l'interaction : les tours de paroles
Outils langagiers	• **Qu'est-ce que tu as fait en** + matière scolaire ? • **En** + matière scolaire + passé composé • Intonations interrogative et affirmative
Exemple d'échange	– *Qu'est-ce que tu as fait en anglais ?* – *En anglais, on a regardé un reportage de la BBC.*
Déroulement de l'activité	Dans un premier temps, on demandera aux apprenants de penser aux activités qu'ils font habituellement dans les différentes matières proposées. Dans un deuxième temps, chaque apprenant indiquera dans la colonne « Mes activités » les activités de son choix. Ensuite, par groupe de deux, les apprenants vont simuler un échange comme dans l'exemple. L'apprenant A interroge l'apprenant B qui répond puis, on inverse les rôles.

7 La biographie de Gad p. 16

Modalité (cf. typologie)	**Tête à tête**
But de l'activité	Compléter la biographie de Gad Elmaleh
Objectifs pragmatiques	• Demander une précision de temps • Donner une précision de temps
Objectifs sociolinguistiques	• Utiliser le registre neutre • Respecter le rituel de l'interaction : les tours de paroles
Outils langagiers	• **Que s'est-il passé dans la vie de Gad Elmaleh en** + année ? • **En** + année ? **C'est l'année où** + verbe au passé composé • Intonations interrogative et affirmative
Exemple d'échange	*– Que s'est-il passé dans la vie de Gad Elmaleh en 1971 ?* *– (En)1971 ? C'est l'année où il est né !*
Déroulement de l'activité	Les apprenants travaillent par groupes de deux, ils disposent chacun d'une des deux fiches qui sont complémentaires. À tour de rôle, chacun va demander à l'autre les informations qui lui manquent pour compléter sa fiche. L'apprenant A interroge l'apprenant B pour remplir la fiche A, et inversement.

8 Souvenirs p. 17

Modalité (cf. typologie)	**Pioche**
But de l'activité	Simuler un échange pour en savoir plus sur un camarade
Objectifs pragmatiques	• Demander des informations • Donner des informations • Donner une précision de temps
Objectifs sociolinguistiques	• Utiliser le registre amical • Respecter le rituel de l'interaction : les tours de paroles
Outils langagiers	• **Qu'est-ce qui s'est passé d'important pour toi en** + année ? • **C'est** + expression de temps + **où** • Intonations interrogative et affirmative
Exemple d'échange	*– Marius, qu'est-ce qui s'est passé d'important pour toi en 2005 ?* *– 2005, c'est l'année où ma petite sœur est née.*
Déroulement de l'activité	Dans un premier temps, chaque apprenant inscrit sur des papiers 5 dates importantes pour lui. Dans un deuxième temps, par deux, les apprenants simulent un échange entre deux amis. L'apprenant A pioche une des dates de l'apprenant B pour l'interroger comme dans l'exemple. L'apprenant B répond. On inverse ensuite les rôles.

9 | Rencontre amoureuse | **p. 17**

Modalité (cf. typologie)	Exercice à choix multiples
Déroulement de l'activité	Les apprenants travaillent individuellement pour trouver la bonne réponse et barrer les propositions incorrectes. (Cette première étape peut être réalisée en devoir à la maison.) Puis, par groupes de deux, ils comparent leurs réponses et essaient de se convaincre en cas de désaccord.
Corrigé	« Alors, raconte : Cécile, tu l'as rencontrée comment ? Cécile, je l'ai rencontrée **pendant** mes vacances d'été **il y a** quatre ans. Elle faisait des bandes dessinées **depuis** quelques années déjà. Et puis, un jour, elle a participé au festival d'Angoulême, c'était **il y a** deux ans. **Depuis** ce jour-là, je ne l'ai plus revue et je n'ai pas eu de ses nouvelles **pendant** un an et demi. Et puis, **il y a** six mois, je l'ai croisée de nouveau au Salon du livre. Et **depuis**, on ne s'est plus quittés ! »

 Les élèves peuvent prolonger les activités dans le CD rom.

JE PASSE À L'ACTION

Livre de l'élève p. 13

6 | Pour réaliser une boite à souvenirs

Dans un premier temps, les apprenants, par groupes de deux ou trois s'accordent sur le format de la boîte à souvenir. Dans un deuxième temps, ils réfléchissent individuellement à des souvenirs communs. Dans un troisième temps, ils mutualiseront leurs souvenirs communs et identifieront les 3 souvenirs les plus marquants. Chacun apportera des objets et /ou trouvera / fera des illustrations associés à ces souvenirs et rédige une légende pour chaque objet.

Pour finir, le groupe A présentera les objets et illustrations de sa boîte à souvenirs au groupe B et inversement.

Critères d'évaluation

		Oui	Partiellement	Non
Composante pragmatique	L'objectif principal a été atteint : une boîte à souvenirs a été réalisée.	☐	☐	☐
	Le discours est cohérent.	☐	☐	☐
	Les fonctions langagières utilisées sont pertinentes pour réaliser la tâche :			
	• présenter quelque chose ;	☐	☐	☐
	• décrire quelque chose ;	☐	☐	☐
	• exprimer la durée ;	☐	☐	☐
	• énumérer des faits passés ;	☐	☐	☐
	• raconter ;	☐	☐	☐
	• donner une précision de temps.	☐	☐	☐

Composante sociolinguistique	Le registre de langue utilisé est en adéquation avec la situation de communication : registre neutre.	☐	☐	☐
Composante linguistique	La prononciation favorise la compréhension.	☐	☐	☐
	Le lexique nécessaire pour la réalisation de la tâche est utilisé de manière appropriée :			
	• le souvenir ;	☐	☐	☐
	• l'école ;	☐	☐	☐
	• l'amitié.	☐	☐	☐
	Les structures nécessaires à la réalisation de la tâche sont utilisées de manière appropriée :			
	• c'est + expression de temps + où ;	☐	☐	☐
	• c'est + nom d'objet + que + passé composé / imparfait ;	☐	☐	☐
	• d'abord / ensuite / puis + passé composé.	☐	☐	☐
	Les verbes sont conjugués aux temps et aux personnes qui conviennent :			
	• utilisation de la 1re personne du singulier et / ou du pluriel ;	☐	☐	☐
	• le passé composé ;	☐	☐	☐
	• l'imparfait.	☐	☐	☐
	Les éléments syntaxiques nécessaires à la réalisation de la tâche sont maîtrisés :			
	• l'accord en genre et en nombre.	☐	☐	☐
	L'orthographe du lexique nécessaire pour la réalisation de la tâche est maîtrisée.	☐	☐	☐

Il convient de communiquer les critères d'évaluation aux apprenants.
L'enseignant pourra s'appuyer sur ces critères pour les reformuler afin de proposer une grille d'autoévaluation aux apprenants.

3e DÉFI : JE DÉCOUVRE LA BD DANS LE MONDE

À NOTER

Le 3e défi peut faire l'objet d'une collaboration avec le professeur d'arts plastiques.

Livre de l'élève p. 14-15

Les documents proposés ont été choisis pour leur caractère transculturel et parce que chacun d'entre eux permet d'exposer les apprenants à d'autres visions d'une même réalité : le monde de la BD, la BD dans le monde. Chaque BD s'inspire d'un vécu qui diffère en fonction du contexte géographique et socioculturel dans lequel il s'inscrit.

POUR VOTRE INFORMATION

La bande dessinée (BD ou bédé) est un art, souvent désigné comme le « neuvième art ». Le festival international de la bande dessinée d'Angoulême, plus communément appelé Festival d'Angoulême, est le principal festival de bande dessinée francophone et le plus important festival européen, en termes de notoriété et de rayonnement culturel. Il a lieu tous les ans en janvier depuis 1974.

Pour en savoir plus :
http://www.bdangouleme.com/

Cahier d'exercices p. 18

Il s'agit ici de mettre en regard une réalité familière des apprenants avec celle des lecteurs de BD en France et d'autres lecteurs ailleurs dans le monde.

1 Pour comparer différents types de BD

Modalité	Exercice d'observation
Déroulement de l'activité	Dans un premier temps, on invite les apprenants à observer les illustrations (si possible en masquant les écrits). Puis, ils ferment le livre. Par deux, ils échangent alors sur ce qu'ils ont mémorisé. Ils font des hypothèses sur les lieux où se déroulent les scènes à partir de leurs représentations. Dans un deuxième temps, les apprenants travaillent individuellement. Ils observent et lisent les documents pour compléter le tableau. (Cette étape peut être réalisée en devoir à la maison.) Puis, par groupes de deux, ils comparent leurs réponses et essaient de se convaincre en cas de désaccord.
Eléments de correction	Voir tableau ci-dessous.

	BD française	BD ivoirienne	Une BD dans mon pays
Description du lieu	Plein air, extérieur, des bois, une forêt, des arbres, la nature	Petite commune, village, des rues, quelques maisons	
Description des personnages	Deux adultes : l'un est grand et costaud, l'autre est petit et mince ; tous deux portent des casquettes et des vêtements (salopette, chemises à carreaux) représentatifs de leur catégorie socio-professionnelle et ont des scies à la main. Il s'agit sans doute de bûcherons.	Le personnage principal en gros plan : la jeune fille Aya, une jeune africaine. Quelques personnages secondaires en arrière-plan. Des tons clairs et ensoleillés. Une vue du village ou de la commune, une scène de rue. On voit le titre, le nom des auteurs, la collection et le tome 1.	

Description de la couverture	De couleur verte, on retrouve l'un des personnages de l'extrait ; la nature ; le titre et les noms d'auteur, ainsi que la maison d'édition ; on note aussi le numéro du tome : 1 de la série.		

2 **Pour retrouver le vocabulaire de base**

Modalité	Exercice lacunaire
Déroulement de l'activité	Dans un premier temps, les apprenants travaillent individuellement pour associer le vocabulaire à chaque partie de l'illustration. (Cette étape peut être réalisée en devoir à la maison.) Puis, par groupes de deux, ils comparent leurs réponses et essaient de se convaincre en cas de désaccord.
Corrigé	1. Une bulle - 2. Un strip - 3. Un héros - 4. Une vignette - 5. Le nom du dessinateur.

JE PASSE À L'ACTION

Livre de l'élève p. 15

Les apprenants travaillent individuellement dans un premier temps. Ils choisissent la BD ou le dessin animé de leur enfance qu'ils vont présenter (lieu où se déroulait l'histoire, époque où elle se passait, description du héros, justification du choix). Ensuite, par groupes de deux, A présente la BD ou le dessin animé qu'il a choisi sans en donner le titre. B écoute et essaie de trouver le titre de la BD ou du dessin. On inverse les rôles.

Critères d'évaluation

		Oui	Partiellement	Non
Composante pragmatique	L'objectif principal a été atteint : la présentation d'une BD ou d'un dessin animé a été réalisée.	☐	☐	☐
	Le discours est cohérent.	☐	☐	☐
	Les fonctions langagières utilisées sont pertinentes pour réaliser la tâche :			
	• décrire un lieu ;	☐	☐	☐
	• donner des précisions de temps ;	☐	☐	☐
	• décrire quelqu'un ;	☐	☐	☐
	• exprimer ses goûts ;	☐	☐	☐
	• exprimer la cause.	☐	☐	☐
Composante sociolinguistique	Le registre de langue utilisé est en adéquation avec la situation de communication : registre neutre.	☐	☐	☐
	Le rituel de présentation d'une présentation est respecté : lieu, époque, description du héros, justification du choix.	☐	☐	☐

Composante linguistique	La prononciation favorise la compréhension.	☐	☐	☐
	Le lexique nécessaire pour réaliser la tâche est utilisé de manière appropriée :			
	• l'enfance ;	☐	☐	☐
	• la bande dessinée.	☐	☐	☐
	Les structures nécessaires pour utiliser la tâche sont utilisées de manière appropriée :			
	• c'était en + année ;	☐	☐	☐
	• c'était + expression de temps + où.	☐	☐	☐
	Les verbes sont conjugués aux temps et aux personnes qui conviennent :			
	• utilisation de la 1re personne du singulier ;	☐	☐	☐
	• utilisation de la 3e personne du singulier et / ou du pluriel ;	☐	☐	☐
	• l'imparfait.	☐	☐	☐
	Les éléments syntaxiques nécessaires sont maîtrisés :			
	• l'accord en genre et en nombre des noms et des adjectifs.	☐	☐	☐

Il convient de communiquer les critères d'évaluation aux apprenants.
L'enseignant pourra s'appuyer sur ces critères pour les reformuler afin de proposer une grille d'autoévaluation aux apprenants.

LA MISSION p. 17

→ ÉCRIRE UN RÉCIT À PARTIR D'UNE BD

À NOTER

La mission peut faire l'objet d'un projet commun avec le professeur d'arts plastiques.

Pour développer l'imaginaire

Dans un premier temps, on invite les apprenants à observer les 3 premières vignettes en laissant libre court à leur imagination. Ensuite, par groupe de 2 ou 3, les apprenants mutualisent leurs idées et s'accordent sur une version de l'histoire : identification des personnages, leurs liens, leurs rôles, l'époque, les faits…
Dans un deuxième temps, ils s'accordent sur le choix de la vignette finale et sur la suite de l'histoire. On peut aussi proposer que chaque apprenant choisisse une vignette différente et invente une suite différente.
Chaque groupe de travail devra ensuite procéder à la rédaction du récit avec une suite commune ou avec trois suites différentes.

Le projet peut se prolonger par la création de la fin de l'histoire qu'il faudra illustrer avec de nouvelles vignettes. Les apprenants se répartissent les tâches pour que chacun apporte sa contribution à ce projet collectif. Ils peuvent décider de l'insertion de bulles, par exemple, l'ajout d'un titre, d'autres strips pour la suite de l'histoire… en fonction des contraintes matérielles de leur contexte d'apprentissage.

Critères d'évaluation

		Oui	Partiellement	Non
Composante pragmatique	L'objectif principal a été atteint : un récit a été rédigé à partir de la BD.	☐	☐	☐
	Le discours est cohérent.	☐	☐	☐
	Les fonctions langagières utilisées sont pertinentes pour réaliser la tâche :			
	• raconter : relater des faits passés et décrire une situation passée ;	☐	☐	☐
	• exprimer la durée ;	☐	☐	☐
	• énumérer des faits passés ;	☐	☐	☐
	• donner une précision de temps.	☐	☐	☐
Composante sociolinguistique	Le registre de langue utilisé est en adéquation avec la situation de communication neutre.	☐	☐	☐
	Le rituel de présentation d'un récit est respecté.	☐	☐	☐
Composante linguistique	Le lexique nécessaire à la réalisation de la tâche est utilisé de manière appropriée :			
	• les souvenirs ;	☐	☐	☐
	• les divertissements.	☐	☐	☐
	Les structures nécessaires à la réalisation de la tâche sont utilisées de manière appropriée :			
	• les expressions pour énumérer + passé composé ;	☐	☐	☐
	• les expressions de temps (durée et précision) + passé composé ou imparfait.	☐	☐	☐
	Les verbes sont conjugués aux temps et aux personnes qui conviennent :			
	• utilisation de la 3e personne du singulier et / ou du pluriel ;	☐	☐	☐
	• le passé composé ;	☐	☐	☐
	• l'imparfait.	☐	☐	☐
	Les éléments syntaxiques nécessaires sont maîtrisés :			
	• l'accord en genre et en nombre des noms et des adjectifs.	☐	☐	☐
	L'orthographe du lexique nécessaire à la réalisation de la tâche est maîtrisée.	☐	☐	☐

Il convient de communiquer les critères d'évaluation aux apprenants.

L'enseignant pourra s'appuyer sur ces critères pour les reformuler afin de proposer une grille d'autoévaluation aux apprenants.

ÉVALUATION : JEU DE L'OIE

Corrigé

	DÉPART
1	Bande dessinée
2	Chaque
3	J'ai fait – tu as fait-il / elle a fait – nous avons fait-vous avez fait – ils / elles ont fait
4	Chanteuse
5	Tous les matins j'allais au collège en bus et le soir je rentrais à pied.
6	Un professionnel qui fait rire.
7	Je passe mon tour.
8	Je racontais – tu racontais – il / elle racontait – nous racontions – vous racontiez – ils / elles racontaient
9	Il pleut depuis trois heures.
10	Un ensemble de vignettes.
11	C'est le jour où je suis rentré au collège.
12	Un cour spectacle comique.
13	Je recule de deux cases.
14	Héroine
15	À Abidjan, en Côte d'Ivoire.
16	Je dormais quand soudain le réveil a sonné.
17	J'avance de deux cases.
18	En 1970, on n'avait pas de DVD.
19	Au choix
20	Hier, je me suis promené dans la forêt. Tout à coup, l'orage a éclaté.
	ARRIVÉE

PRÉPARATION AU DELF

COMPRÉHENSION DE L'ORAL 25 POINTS

Exercice 1 p. 19

Transcription

« – Tu as vu le dernier film de Luc Besson ? Adèle Blanc-Sec ?
– Ah, oui ! Non, pas encore. C'est bien ?
– Je ne l'ai pas vu mais j'ai lu la série des BD.
– Et ça parle de quoi ?
– C'est du fantastique. Ça se passe au début du XXe siècle.
– Et Adèle, c'est qui ?
– C'est l'héroïne. Ella a perdu ses parents et a été séparée de sa sœur. Au moment de la séparation sa sœur avait 5 ans et, elle, elle travaillait.
– Elle faisait quoi ?
– Elle était journaliste. Elle était jeune et prête à tout.
– Et alors ?
– Ben, ce sont des aventures fantastiques. Adèle conservait dans une vitrine chez elle une mystérieuse momie égyptienne.
– Et ?
– Ben, je ne t'en dis pas plus. Je peux te prêter les BD, si tu veux. »

Corrigé **/ 6 points**

1. De quoi parlent ces deux amis ?
D'une bande dessinée adaptée au cinéma.

2. Cette histoire se passe :
Au début du XXe siècle.

3. Qui est Adèle ?
Le personnage principal.

4. Quel drame a frappé Adèle ?
Elle a été séparée de sa sœur.

5. Quel est le métier d'Adèle ?
Journaliste.

6. Cette BD appartient à la catégorie :
Aventures fantastiques.

Exercice 2 p. 19

Transcription

Alors raconte ! Tu as fait quoi aujourd'hui ? Eh bien, le matin, on est d'abord allés cueillir des cerises dans le jardin. Puis on a fait une tarte pour le dessert de midi. Ensuite on a écouté de la musique jusqu'à l'heure du déjeuner. L'après-midi, on a commencé par faire une partie de cartes car il faisait trop chaud pour sortir. À 15 heures on est allés à la piscine. Puis on a fait une promenade à vélo. C'était super mais je suis très fatiguée.

Corrigé **/ 9 points**

Le matin
1. Elle a cueilli des cerises.
2. Elle a fait une tarte.
3. Elle a écouté de la musique.

L'après-midi
1. Elle a joué aux cartes.
2. Elle est allée à la piscine.
3. Elle a fait une promenade à vélo.

Exercice 3 p. 20

Transcription

Bonjour Julie. C'est Chris. Je sais où on a fait une erreur.
En fait, Ralph n'est pas né en 1980, mais en 1982 à Nouméa. Il a passé ses dix premières années là-bas avec ses parents. À l'époque, son père était militaire. Sa petite sœur est née après leur retour en France, à Paris. Ralph est entré en 6e en 1993. Deux ans après, toute la famille a déménagé en Bretagne. Le papa a pris sa retraite et a ouvert un restaurant. Voilà. Je pense qu'on a les bonnes informations maintenant. On se voit demain. Bises !

Corrigé **/ 5 points**

1. 1982 - **2.** À Nouméa - **3.** Militaire - **4.** 1993 - **5.** En Bretagne

Exercice 4 p. 20

Transcription

« Oh, mon garçon, tu sais, moi, les jeux video…
À mon époque on n'avait pas toutes ces choses-là ! Je ne connaissais même pas la video. Le jour où j'ai acheté notre première télé, toute la famille et les amis sont venus regarder cette mystérieuse boîte. Et pour jouer, on prenait de vieux pneus pour faire des balançoires, ou on fabriquait des lance-pierres pour faire peur aux oiseaux. Je me rappelle le jour où j'ai cassé la vitre de la voisine. J'ai eu la punition de ma vie ! Oui, moi aussi, j'en faisais des bêtises ! Aujourd'hui, je sais utiliser une machine à écrire avec deux doigts et me servir d'un téléphone portable. Mais jouer à ce jeu, c'est trop compliqué ! Viens avec moi, je vais te montrer comment fabriquer un lance-pierres ! »

Corrigé **/ 5 points**

1. Sa première télévision.
2. À faire des balançoires.
3. Faire peur aux oiseaux et casser la vitre de la voisine.
4. Taper à la machine – utiliser un téléphone portable – faire un lance-pierres – fabriquer une balançoire.

1 Pour reconstruire le récit, je classe les phrases dans l'ordre chronologique. /5 points

a. Ensuite, nous sommes allés faire du cheval dans la forêt, c'était génial !
b. Nous avons enfin fait un grand jeu de piste dans le village.
c. Nous avons d'abord fait une grande promenade à bicyclette pour aller visiter un château
d. Pendant les vacances, je suis allée en camp d'ados.
e. Puis, nous avons fait une randonnée à pied pour aller jusqu'à la mer où nous nous sommes baignés.

2 Pour compléter le dialogue, j'écris l'expression de temps qui convient /6 points

– Bonjour Max !
– Bonjour.
– Pouvez-vous expliquer à nos jeunes auditeurs comment on devient musicien.
– ______ j'avais 7 ans, mes parents m'ont demandé de choisir une activité extrascolaire. ______, je ne voulais pas faire de sport alors j'ai choisi l'éveil musical. C'était un bon choix parce que j'ai pu essayer plusieurs instruments. Je me souviens encore ______ j'ai touché une guitare pour la première fois, c'était magique. Ce jour-là, j'ai su que je serai musicien professionnel. ______ des années, j'ai fait des petits spectacles en solo. Et puis, ______ 3 ans, j'ai rencontré Mélia. ______ cette rencontre, nous chantons en duo. Nous avons fait plusieurs concerts et ça a marché. Nous venons d'enregistrer notre premier disque.
– Et bien, merci et bonne chance Max !
– Merci à vous.

3 Pour compléter le texte, je conjugue les verbes entre parenthèses au temps qui convient (passé composé, imparfait). /6 points

Un jour, ma grand-mère me ____________ (raconter) ses années d'école. À cette époque, les enfants ________________________ (porter) une blouse et ____________ (écrire) avec un porte-plume. Le jour de repos, c'____________ (être) le jeudi et pas le mercredi comme aujourd'hui. À l'âge de 14 ans, elle ____________ (aller) au lycée et tous les matins, elle ____________ (devoir) prendre le car, très tôt.

4 Pour compléter les mots du texte, j'utilise « é » ou « è » /3 points

À la rentr__e, je rentre en quatri__me au coll__ge, je vais étudier de nouvelles mati__res. J'ai d__jà achet__ mes livres. Je suis prête.

Total : ____/ 20 points

UNITÉ 2

VOTRE MISSION

→ PARTICIPER À UN CONCOURS : CRÉER UN STYLE ET LE DÉFINIR .... p. 19

<table>
<tr><th rowspan="5">Compétences nécessaires pour la réalisation des micro-tâches et de la tâche</th><th colspan="2">Objectifs pragmatiques</th><th>Objectifs sociolinguistiques et interculturels</th></tr>
<tr><td colspan="2">• Classifier
• Exprimer l'appartenance
• Exprimer la condition
• Exprimer une évidence ou une généralité
• Exprimer un conseil ou un ordre
• Exprimer une probabilité ou une certitude
• Caractériser en précisant la manière de faire quelque chose</td><td>• Utiliser le registre amical, neutre, formel.
• Respecter le rituel de l'interaction dans les échanges :
▪ rituel de politesse
▪ tours de paroles
• Respecter le rituel de présentation des documents
• Adopter un comportement ouvert pour être à l'écoute des autres et découvrir des univers de la mode dans le monde</td></tr>
<tr><th colspan="3">Outils langagiers à acquérir</th></tr>
<tr><th>Grammaire</th><th>Lexique</th><th>Phonétique</th></tr>
<tr><td>• Les superlatifs
• Les pronoms possessifs
• Si + présent + présent
• Si + présent + impératif
• Si + présent + futur
• Les adverbes en -ment</td><td>• La mode
• Les cheveux</td><td>• L'opposition [o] / [ɔ]
• L'opposition [ʃ] / [ʒ]</td></tr>
</table>

JE DÉCOUVRE LA MISSION

Livre de l'élève p. 19

Ce document sonore a pour objectif de plonger les apprenants dans l'univers de la mode dans lequel ils vont évoluer pendant l'unité et de les mettre sur la voie de la tâche qu'ils auront à accomplir : *Participer à un concours : créer son style et le définir.*

Cahier d'exercices p. 21

Inviter les élèves à noter les indices trouvés dans le cadre.
Indices sonores : Jingle musical, déclics d'un appareil photo, applaudissements, déclics en rafale d'un appareil photo.

Livre de l'élève p. 19

Les apprenants prennent leur livre p. 19 afin d'observer la photo pour repérer les indices visuels qui vont leur permettre de valider les réponses faites précédemment.
Indices visuels : deux jeunes filles de chaque côté d'une table sur laquelle on peut voir des crayons de couleur et des revues de mode. L'une feuillette une revue, l'autre est en train de dessiner. Des photos de mode sont affichées au mur.

JE PRÉPARE LA MISSION

Cahier d'exercices p. 21

Qu'est-ce que je sais faire ?	Qu'est-ce que je vais apprendre ?
• Exprimer l'appartenance (niveau 2, unité 2) • Caractériser une personne (niveau 2, unité 2) • Comparer (niveau 2, unités 1 et 5)	• Classifier • Exprimer l'appartenance • Exprimer la condition • Exprimer une évidence ou une généralité • Exprimer un conseil ou un ordre • Exprimer une probabilité ou une certitude • Caractériser en précisant la manière de faire quelque chose

1ER DÉFI : JE FAIS MON PALMARÈS

JE COMPRENDS

Livre de l'élève p. 20

→ Anticipation

Réponses possibles pour l'illustration

1. Chez la coiffeuse, chez l'esthéticienne, chez la masseuse.
2. Une cliente et une coiffeuse, une esthéticienne, une masseuse.

→ **Compréhension globale**

Réponses attendues pour l'illustration

1. Au salon de coiffure / chez la coiffeuse.
2. Une adolescente, Pauline, cliente habituelle, et une coiffeuse.

Cahier d'exercices p. 22

→ **Compréhension détaillée**

8 Éléments de correction

Sous l'illustration du roman *Combat d'hiver*, c'est le bouquin le mieux écrit et le plus captivant de l'été.	**Sous l'affiche du festival** Mon cadeau d'anniversaire : une place au Festival du bout du monde. Mon concert préféré, celui d'Olivia Ruiz, la meilleure chanteuse française, à mon avis. Moriarty, la plus belle surprise du festival.	**Prénom** : Pauline **Âge** : 15 ans **Type de cheveux** : fins et lisses
Sous l'affiche du film Au ciné, j'ai une petite préférence pour le film de Riad Sattouf, *Les beaux gosses*.	**Sous la photo** France miniature, c'est un des parcs les moins visités de France mais c'est un endroit génial. Visite des plus beaux monuments du pays en quelques heures.	**Mon palmarès de l'été** • Meilleure lecture : Combat d'hiver de Jean-Claude Mourlevat • Meilleur concert : Olivia Ruiz • Meilleure visite culturelle : France miniature • Meilleur film : Les beaux gosses

JE DÉCOUVRE LA LANGUE

Livre de l'élève p. 21

Pour identifier la fonction langagière de l'illustration : « C'est le meilleur livre de l'été ! », les apprenants pourront s'appuyer sur les indices fournis par l'illustration : l'air satisfait et le geste du personnage qui parle en montrant un livre, l'air attentif du personnage qui écoute et qui semble indécis sur son choix de livre. Grâce à ces indices, ils pourront comprendre que le personnage « classifie ».

Exemple	Que fait le personnage ?	Quelle structure il utilise ?
« C'est le meilleur livre de l'été ! »	Il classifie.	**C'est** + superlatif + nom + complément de nom

Transcription

LA COIFFEUSE : Bonjour Pauline !
PAULINE : Bonjour Madame !
LA COIFFEUSE : On passe au bac ? Ça va ? Ce n'est pas trop chaud ?
PAULINE : Non, c'est même un peu tiède, vous pouvez mettre un peu plus chaud.
LA COIFFEUSE : Voilà, tu peux t'installer pour la coupe. Tu veux des magazines pour choisir ta coiffure ?
Pauline : Oui, je veux bien.
LA COIFFEUSE : Alors, jeune fille, on a choisi ?
PAULINE : Oui, je voudrais cette coupe-là mais un peu plus longue.
LA COIFFEUSE : Je préfère te prévenir : sur toi, le résultat ne sera pas le même. Ce sera moins volumineux : ta chevelure n'est pas aussi épaisse que la sienne. Le type de cheveux est différent : les tiens sont plutôt fins et lisses mais les siens ondulent légèrement.
PAULINE : Vous voulez dire qu'avec des cheveux comme les miens, on ne fait pas ce qu'on veut ?
LA COIFFEUSE : Non, je veux juste dire que l'effet ne sera pas exactement le même mais ce sera joli quand même. On y va ?
PAULINE : Ok, on y va !

→ Repérage

	Doc. 1	Doc. 2
comparer	• un peu plus chaud • le résultat ne sera pas le même • un peu plus longue • Ce sera moins volumineux • ta chevelure n'est pas aussi épaisse que la sienne • Le type de cheveux est différent • les tiens sont plutôt fins mais les siens ondulent • Des cheveux comme les miens • l'effet ne sera pas exactement le même.	
classifier		• les meilleures vacances de ma vie • les pires • la meilleure chanteuse française • la plus belle surprise • le plus captivant de l'été • C'est un des parcs les moins visités de France • les plus beaux monuments du pays • il y a les attractions les plus impressionnantes
exprimer sa préférence		• pour les concerts, mon préféré, c'est celui d'Olivia Ruiz • pour les livres, j'ai préféré… • Au ciné, j'ai une petite préférence pour… • J'ai un coup de cœur pour…
exprimer l'appartenance	• Les tiens • Ta coiffure • Ta chevelure • Les siens • Les miens	

→ Conceptualisation

Pour…	Je peux utiliser :	Je connais déjà :
comparer	Sujet + verbe + plus/moins + adjectif • Sujet + ne + être + pas + le même • Sujet + ne + être + pas + aussi + adjectif + que + pronom possessif • Sujet + être + différent • Pronom possessif + être + adjectif + mais + pronom possessif + être + adjectif • Nom + comme + pronom possessif	Les comparatifs (Niveau 2, unité 1, unité 5)
classifier	• Le/la/les + meilleur(e)/(s)/(es) • Le/la/les + pire (s) • Le/la/les moins + adjectif • Le/la/les plus + adjectif • Superlatif + adjectif + de + nom	
exprimer sa préférence	• Mon préféré, c'est… • J'ai préféré… • J'ai une petite préférence pour… • J'ai un coup de cœur pour…	Je préfère (Niveau 1, unité 3)
exprimer l'appartenance	• Le mien/tien/sien • La mienne/tienne/sienne • Les miens/tiens/siens • Les miennes/tiennes/siennes	Les adjectifs possessifs (Niveau 1, unité 2) Niveau 2, unité 2

JE M'ENTRAÎNE

Livre de l'élève p. 21

5 **Pour trouver à qui appartient l'objet**

Modalité (cf. typologie)	**Question - réponse**
But de l'activité	Trouver à qui appartient un objet
Objectifs pragmatiques	• Demander une information • Exprimer l'appartenance
Objectifs sociolinguistiques et socioculturels	• Utiliser le registre amical ▪ interrogation avec l'intonation • Respecter le rituel de l'interaction : les tours de parole
Outil langagier	**Ce sont** + pronom tonique
Exemple d'échange	*– J'ai trouvé ces lunettes, hier chez moi. Ce sont les tiennes ?* *– Oui, ce sont les miennes, merci ! / Non, ce ne sont pas les miennes !*
Déroulement de l'activité	Par groupe de 4/5, chaque apprenant dépose secrètement un (ou deux) objet(s) qui lui appartien(nen)t dans un sac. Ensuite, à tour de rôle, les apprenants tirent un objet au sort. Pour trouver à qui appartient l'objet tiré au sort, chaque apprenant interroge un à un les autres apprenants comme dans l'exemple et ce, jusqu'à trouver le propriétaire de l'objet.

Phonétique

Modalité	**Levez !**
But de l'activité	Distinguer les sons [o] et [ɔ]
Déroulement de l'activité	Lors de la première écoute, les apprenants se familiarisent avec le corpus. Lors de la deuxième écoute, après chaque énoncé, les apprenants lèvent la fiche correspondant au son entendu.
Corrigé	[o] : Oh, chapeau, beau, horreur, carreaux, chaud [ɔ] : encore, mode, robes, école, bottes

Cahier d'exercices p. 25-28

1 Phonétique : Prononcer les sons [o] et [ɔ] p. 25

Modalité (cf. typologie)	**Bataille langagière**
But de l'activité	Détruire les bateaux de l'adversaire
Objectif pragmatique	Non pertinent
Objectif sociolinguistique et socioculturel	Non pertinent
Outil langagier	Présent de l'indicatif
Exemple d'échange	*– Nous améliorons.* *– Coulé / Dans l'eau.*
Déroulement de l'activité	Chaque apprenant dessine secrètement 3 bateaux dans la grille. Pour détruire les bateaux de son adversaire, il faut les localiser en conjuguant les verbes à l'indicatif en associant un élément de la première colonne et un élément de la première ligne (exemple : Nous améliorons). Si le bateau est localisé, l'apprenant répond : « Coulé » ; sinon, il dit « Dans l'eau ! » et c'est à lui de jouer. Le joueur qui arrive à localiser les trois bateaux de son adversaire en premier a gagné.

2 Phonétique : Lire et écrire les sons [o] et [ɔ] p. 25

Modalité	**Exercice de classement**
But de l'activité	Distinguer les sons [o] et [ɔ]
Déroulement de l'activité	Lors de la première écoute, les apprenants se familiarisent avec le corpus. Lors de la deuxième écoute, après chaque énoncé, les apprenants repèrent et entourent les lettres qui se prononcent [o] et [ɔ]. Ensuite, par groupes de deux, les apprenants sont invités à comparer leurs réponses et à essayer de se convaincre en cas de désaccord. Lors de la troisième écoute, les apprenants classent les mots dans le tableau proposé.
Corrigé	[o] : rôle, adorer, bientôt, nouveau, la pause [ɔ] : un gosse, votre, bonnes, du sport, une sortie

3 Le palmarès des César p. 26

Modalité	Exercice lacunaire
Déroulement de l'activité	Individuellement, les apprenants complètent les phrases. (Cette première étape peut être réalisée en devoir à la maison.) Ensuite, par groupes de deux, les apprenants sont invités à comparer leurs réponses et à essayer de se convaincre en cas de désaccord.
Corrigé	meilleur – meilleure – meilleurs – meilleur – meilleurs – meilleure – meilleur - meilleur

4 Les joueurs de tennis p. 26

Modalité	Exercice de classement
Déroulement de l'activité	Individuellement, les apprenants complètent les phrases. (Cette première étape peut être réalisée en devoir à la maison.) Ensuite, par groupes de deux, les apprenants sont invités à comparer leurs réponses et à essayer de se convaincre en cas de désaccord.
Corrigé	

	Gilles Simon	Richard Gasquet
Date de naissance	27 décembre 1984	18 juin 1986
Taille	1, 83 m	1, 85 m
Poids	70 kilos	75 kilos
Début de sa carrière	2002	2002
Classement ATP	23e	18e
Palmarès	8 titres	6 titres

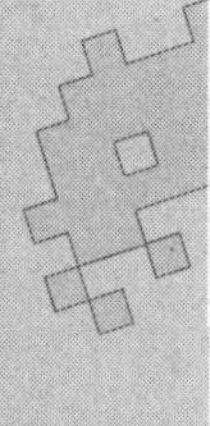

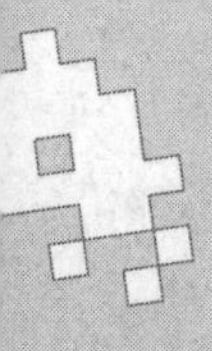

5 L'athlétisme p. 27

Modalité (cf. typologie)	Tête à tête
But de l'activité	Remplir les fiches d'athlètes
Objectifs pragmatiques	• Demander une information • Donner une information • Classifier
Objectifs sociolinguistiques et socioculturels	• Utiliser le registre neutre • Respecter le rituel de l'interaction : les tours de parole
Outil langagier	Les superlatifs
Exemple d'échange	– *Qui est la plus rapide au 60 mètres ?* – *C'est Christine Arron, elle fait 7"06 et Myriam Soumaré fait 7"24.*
Déroulement de l'activité	Les apprenants travaillent par groupes de deux, ils disposent chacun de deux fiches. Chacun va demander à l'autre les informations qui lui manquent pour compléter ses fiches. L'apprenant A interroge l'apprenant B pour remplir les fiches A, et inversement.

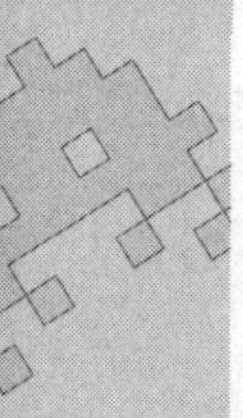

6 La bataille langagière **p. 28**

Modalité	**Bataille langagière**
But de l'activité	Détruire les bateaux de son adversaire
Objectif pragmatique	Exprimer l'appartenance
Objectif sociolinguistique et socioculturel	• Utiliser le registre neutre • Respecter le rituel du jeu
Outil langagier	Le présent de l'indicatif
Exemple d'échange	– *La mienne est épaisse !* – *Dans l'eau !* – *Les vôtres sont volumineuses !* – *Coulé !*
Déroulement de l'activité	Chaque apprenant dessine secrètement 3 bateaux dans la grille. Pour détruire les bateaux de son adversaire, il faut les localiser en formulant des phrases avec un élément de la première colonne et un élément de la première ligne (exemple : La mienne est épaisse !). Si le bateau est localisé, l'apprenant répond : « Coulé » ; sinon, il dit « Dans l'eau ! » et c'est à lui de jouer. Le joueur qui arrive à localiser les trois bateaux de son adversaire en premier a gagné.

7 Mes préférences **p. 28**

Modalité (cf. typologie)	**Entre amis**
But de l'activité	Trouver son alter ego
Objectifs pragmatiques	• Demander une information • Exprimer sa préférence
Objectifs sociolinguistiques et socioculturels	• Utiliser le registre amical • Respecter le rituel de l'interaction orale : les tours de paroles.
Outils langagiers	• **Quelle est** + possessif + nom + préféré(e) ? • **J'ai une préférence/un coup de cœur pour…**
Exemple d'échange	– *Quelle est ton actrice préférée ?* – *J'ai une préférence/un coup de cœur pour Charlotte Gainsbourg.*
Déroulement de l'activité	On forme des groupes de quatre. Chaque apprenant indique des préférences. Dans un deuxième temps, chaque apprenant interroge les autres pour obtenir leurs réponses. Puis, ils entourent leurs points communs.

JE PASSE À L'ACTION

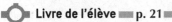

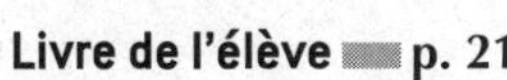
Livre de l'élève p. 21

6 Pour faire le palmarès de l'été

Les apprenants travaillent individuellement. Chacun fait une liste d'une dizaine d'éléments pouvant faire l'objet d'un palmarès. Sous chacune des illustrations qui seront disposées dans un ordre croissant ou décroissant de préférence, une légende commentera l'élément illustré.

Ensuite, par groupe de deux, les apprenants échangeront leur palmarès afin de procéder à une séance de correction mutuelle.

Critères d'évaluation

		Oui	Partiellement	Non
Composante pragmatique	L'objectif principal a été atteint : un palmarès a été réalisé.	☐	☐	☐
	Le discours est cohérent.	☐	☐	☐
	Les fonctions langagières utilisées sont pertinentes pour réaliser la tâche :			
	• exprimer sa préférence ;	☐	☐	☐
	• classifier ;	☐	☐	☐
	• comparer.	☐	☐	☐
Composante sociolinguistique	Le registre de langue utilisé est en adéquation avec la situation de communication.	☐	☐	☐
	Le rituel de présentation d'un palmarès est respecté :			
	• des illustrations classées par catégorie ;	☐	☐	☐
	• une légende sous chaque illustration.	☐	☐	☐
Composante linguistique	Le lexique nécessaire pour la réalisation de la tâche est utilisé de manière appropriée :			
	• l'expression de la préférence.	☐	☐	☐
	Les structures nécessaires pour la réalisation de la tâche sont utilisées de manière appropriée :			
	• le/la/les + meilleur(e)/(s)/(es) ;	☐	☐	☐
	• le/la/les + pire (s) ;	☐	☐	☐
	• le/la/les moins + adjectif ;	☐	☐	☐
	• le/la/les plus + adjectif ;	☐	☐	☐
	• superlatif + adjectif + de + nom.	☐	☐	☐
	Les éléments syntaxiques nécessaires pour la réalisation de la tâche sont maîtrisés :			
	• les comparatifs.	☐	☐	☐
	Les verbes sont conjugués aux temps et aux personnes nécessaires pour la réalisation de la tâche :			
	• présent de l'indicatif ;	☐	☐	☐
	• passé composé ;	☐	☐	☐
	• 1re personne du singulier.	☐	☐	☐
	L'orthographe du lexique nécessaire pour la réalisation de la tâche est maîtrisée.	☐	☐	☐

2^E DÉFI : JE PARTICIPE À UN MICRO-TROTTOIR : « ES-TU ALTERMODE ? »

À NOTER

Le 2e défi peut faire l'objet d'une collaboration avec le professeur SVT.

JE COMPRENDS

Livre de l'élève p. 22

→ Anticipation

Réponses possibles pour l'illustration

1. Un article de magazine, un extrait de livre, une page de site internet, les résultats commentés d'un test de personnalité.
2. À des jeunes, à des femmes.
3. La mode, l'été.

→ Compréhension globale

Réponses attendues pour l'illustration

1. Un article de magazine.
2. À des jeunes.
3. La mode pour l'été.

Cahier d'exercices p. 29

→ Compréhension détaillée

Corrigé

En haut à gauche : Les altermodes
En haut à droite : Les fashions victims
En bas à gauche : Les excentriques
En bas à droite : Les bohèmes

JE DÉCOUVRE LA LANGUE

Livre de l'élève p. 23

Pour identifier la fonction langagière de l'illustration : « Si tu vas à la plage, n'oublie pas tes lunettes», les apprenants pourront s'appuyer sur les indices fournis par l'illustration : la mimique de celui qui parle, son doigt tendu vers ses lunettes, la tenue (serviette de bains sur le bras, sac de plage sur l'épaule. Grâce à ces indices, ils pourront comprendre que le personnage « propose de l'aide ».

Exemple	Que fait le personnage ?	Quelle structure il utilise ?
Si tu vas à la plage, n'oublie pas tes lunettes.	Il donne un conseil.	**Si** + présent + impératif

Cahier d'exercices **p. 30-31**

→ Repérage

	Doc. 1
exprimer la condition	• si tu préfères les tenues décontractées, tu adoreras le style bohème • si tu vas à la plage, n'oublie pas tes sandales • si pour toi, la mode est vraiment un art et si tu te moques des critiques de tes copains, tu trouveras ton bonheur dans les friperies • ose les lunettes en forme de losange… si tu veux épater tes amis • si tu changes de style… si ta garde-robe déborde… tu es une fashion victim • si tu es solidaire et si tu milites pour le respect de la nature, tu préfères le style ethnique
indiquer la manière	• être simplement et confortablement à la mode • ces jupes se portent naturellement en toutes occasions • être audacieusement et artistiquement à la mode • la mode est vraiment un art • tu te moques complètement des critiques • être légèrement et joyeusement à la mode • mais également de ceintures • tu es véritablement une fashion victim • tu seras totalement à la mode • être écologiquement et solidairement à la mode • tu préfères évidemment le style ethnique

→ Conceptualisation

Pour…	Je peux utiliser :	Je connais aussi :
exprimer la condition - donner un conseil ou un ordre - exprimer une évidence ou une généralité - exprimer une probabilité ou une certitude	• Si + présent + impératif • Si + présent + présent • Si + présent + futur	• L'impératif • Le conditionnel présent
exprimer la manière	• Les adverbes en -ment : adjectif terminé par « e » au masculin : adjectif au masculin + -ment • Adjectif terminé par -ent ou -ant : adjectif au masculin + -emment ou -amment • Les autres adjectifs : adjectif au féminin + -ment	**Avec** + adjectif

Livre de l'élève p. 23

5 Pour participer au jeu

Modalité (cf. typologie)	**Les dés sont jetés**
But de l'activité	Simuler un échange pour donner un conseil
Objectifs pragmatiques	• Donner un conseil • Apprécier le conseil
Objectifs sociolinguistiques et socioculturels	• Utiliser le registre amical • Respecter le rituel de l'interaction : les tours de paroles
Outil langagier	**Si tu** + présent + impératif
Exemple d'échange	*– Si tu veux être à la mode et respecter l'environnement, fais du troc avec tes copains.* *– Oui, bonne idée !*
Déroulement de l'activité	Par deux, les apprenants simulent un échange entre deux amis. L'apprenant A lance le dé pour donner un conseil à l'apprenant B qui répond comme dans l'exemple. On inverse ensuite les rôles.

Phonétique

10

Modalité (cf. typologie)	**Levez !**
Objectif	Distinguer [ʃ] et [ʒ]
Déroulement de l'activité	Les apprenants réalisent chacun une fiche avec [ʃ] et une fiche avec [ʒ]. Lors de la première écoute, les apprenants se familiarisent avec le corpus. Lors de la deuxième écoute, après chaque énoncé, ils lèvent la fiche [ʃ], s'ils entendent [ʃ] ou la fiche [ʒ], s'ils entendent [ʒ]. Une troisième écoute permettra de valider les réponses.
Corrigé	[ʃ] short, chanvre, cheveux, chapeau [ʒ] jupe, orange, losange

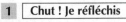

Cahier d'exercices p. 32-35

1 Chut ! Je réfléchis p. 32

10

Modalité (cf. typologie)	**À la cantonade**
Objectif	Distinguer [ʃ] et [ʒ]

Déroulement de l'activité	Par deux, les apprenants s'accordent sur le son que chacun d'entre eux devra identifier : l'apprenant A choisit le son [ʃ] et l'apprenant B le son [ʒ]. Lors de la première écoute, les apprenants se familiarisent avec le corpus. Lors de la deuxième écoute, après chaque énoncé, l'apprenant A et l'apprenant B s'accordent sur le son entendu. Lors de la troisième écoute, après chaque énoncé, l'apprenant qui identifie le son choisi, lève la main.
Corrigé	[ʃ] acheter, chaussures, coutchouc [ʒ] changer, légère, plage, biologique, jean

2 | **La prononciation du « c »** | **p. 32**

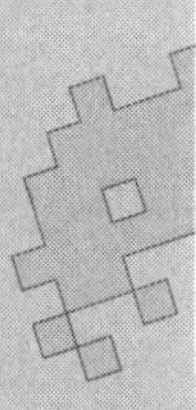

Modalité	**Exercice d'appariement**
Déroulement de l'activité	Lors de la première écoute, les apprenants se familiarisent avec le corpus. Lors de la deuxième écoute, après chaque énoncé, les apprenants relient individuellement le mot à la prononciation entendue. Ensuite, par groupes de deux, les apprenants sont invités à comparer leurs réponses et à essayer de se convaincre en cas de désaccord. Une troisième écoute permettra à chacun de valider ses réponses avant la correction.
Éléments de correction	[k] confortable, recycler, micro trottoir, Michael, écologique, cuir [s] ceinture, participer, recycler [ʃ] choisir

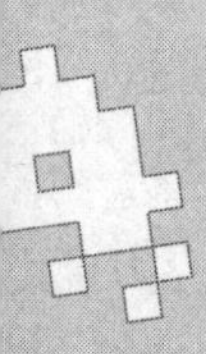

3 | **Les vêtements** | **p. 32**

Modalité (cf. typologie)	**Les dés sont jetés**
But de l'activité	Simuler un échange pour acheter un accessoire
Objectifs pragmatiques	• Exprimer un souhait • Désigner
Objectifs sociolinguistiques et socioculturels	• Utiliser le registre neutre • Respecter le rituel de l'interaction : ▪ les tours de parole ▪ le rituel de politesse
Outil langagier	• **Je cherche** + vêtement • Les vêtements
Exemple d'échange	– *Je cherche des chaussures rouges.* – *Voilà !* – *Merci !*

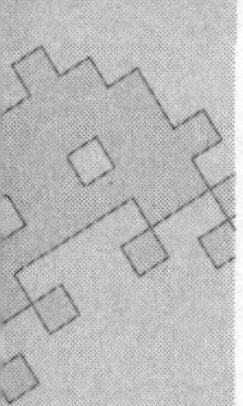

Déroulement de l'activité	Par deux, les apprenants simulent un échange entre deux amis. L'apprenant A indique à l'apprenant B qu'il est à la recherche d'un des accessoires dessinés qui est d'une des couleurs illustrées. L'apprenant B désigne l'accessoire et la couleur recherchés. L'apprenant A remercie.

4 La bataille lexicale p. 33

Modalité	**Bataille langagière**
But de l'activité	Détruire les bateaux de son adversaire
Objectif pragmatique	Caractériser
Objectif sociolinguistique et socioculturel	Utiliser le registre neutre
Outils langagiers	• Les vêtements • **À** + caractéristique
Exemple d'échange	– *Un short à fleurs !* – *Dans l'eau ! / Coulé !*
Déroulement de l'activité	Chaque apprenant dessine secrètement 3 bateaux dans la grille. Pour détruire les bateaux de son adversaire, il faut les localiser en formulant des phrases avec un élément de la première colonne et un élément de la première ligne (exemple : Un short à fleurs!). Si le bateau est localisé, l'apprenant répond : « Coulé » ; sinon, il dit « Dans l'eau ! » et c'est à lui de jouer. Le joueur qui arrive à localiser les trois bateaux de son adversaire en premier a gagné.

5 Comment être ado et altermode ? p. 33

Modalité (cf. typologie)	**Exercice lacunaire**
Déroulement de l'activité	Individuellement, les apprenants complètent les phrases. (Cette première étape peut être réalisée en devoir à la maison.) Ensuite, par groupes de deux, les apprenants sont invités à comparer leurs réponses et à essayer de se convaincre en cas de désaccord.
Corrigé	difficilement – bêtement – actuellement – probablement – complètement – vraiment – seulement - simplement

6 Profitez-vous des soldes ? p. 34

Modalité (cf. typologie)	**Exercice lacunaire**
Déroulement de l'activité	Individuellement, les apprenants complètent les phrases. (Cette première étape peut être réalisée en devoir à la maison.) Ensuite, par groupes de deux, les apprenants sont invités à comparer leurs réponses et à essayer de se convaincre en cas de désaccord
Corrigé	en, à, en, de – en, à, en, en – à, en, à, en – en, en, à, en

8 Les conseils p. 35

Modalité (cf. typologie)	**Les dés sont jetés**
But de l'activité	Simuler un échange pour obtenir un conseil
Objectifs pragmatiques	• Exprimer la douleur • Exprimer un besoin • Exprimer un état • Exprimer une condition : un conseil
Objectifs sociolinguistiques et socioculturels	• Utiliser le registre amical • Respecter le rituel de l'interaction : les tours de paroles
Outils langagiers	• **Avoir mal à** + article + nom • **Avoir faim/froid/chaud/soif/sommeil** • **Être fatigué(e)** • **Si tu** + présent + impératif • Intonations exclamative et injonctive
Exemple d'échange	*– J'ai mal à la tête.* *– Si tu as mal à la tête, prends un médicament !*
Déroulement de l'activité	Par deux, les apprenants simulent un échange entre deux amis. L'apprenant A lance le dé pour exprimer un besoin / un état / une douleur. L'apprenant B répond comme dans l'exemple. On inverse les rôles.

9 Les certitudes p. 35

Modalité (cf. typologie)	**Pioche !**
But de l'activité	Simuler un échange pour prévoir une activité pour le week-end
Objectifs pragmatiques	• Demander une information • Exprimer une condition : une probabilité
Objectifs sociolinguistiques et socioculturels	• Utiliser le registre amical • Respecter le rituel de l'interaction : les tours de paroles
Outils langagiers	• **Qu'est-ce que… ?** • **Si tu** + présent + impératif • Intonations interrogative et affirmative
Exemple d'échange	*– Qu'est-ce qu'on fait ce week-end avec Jean et Annick ?* *– S'il fait beau, on fera une promenade.*
Déroulement de l'activité	Par deux, les apprenants font une série de fiches numérotées de 1 à 10. Ils simulent un échange pour prévoir une activité pour le week-end. L'apprenant A interroge l'apprenant B comme dans l'exemple. Pour répondre, l'apprenant B pioche un numéro. Il formule la réponse comme dans l'exemple avec l'élément pioché. On inverse ensuite les rôles. L'enseignant pourra intervenir en cas de litige pour inviter les apprenants à vérifier auprès d'autres camarades ou à consulter des documents de références (livre, cahier…).

Livre de l'élève p. 23

6 Pour participer au micro trottoir « Es-tu altermode ? »

Les apprenants travaillent par groupes de quatre. L'apprenant A et B demande aux apprenants C et D s'ils sont altermodes. Les apprenants C et D répondent, les apprenants A et B prennent des notes et on inverse les rôles. À partir des notes prises, chaque apprenant rédige la réponse de l'apprenant interrogé pour l'intégrer dans un article qui présente le micro-trottoir. Chaque apprenant relit la réponse qu'il a faite et qui a été rédigée par un autre afin d'en valider le contenu. Cette étape pourra donner lieu a une séance de correction mutuelle.

Exemple de présentation du micro trottoir

ES-TU ALTERMODE ?			
Informations personnelles de la personne interrogée	Informations personnelles de la personne interrogée	Informations personnelles de la personne interrogée	Informations personnelles de la personne interrogée
Réponse	Réponse	Réponse	Réponse

Critères d'évaluation

		Oui	Partiellement	Non
Composante pragmatique	L'objectif principal a été atteint : un article présentant le micro-trottoir a été rédigé.	☐	☐	☐
	Le discours est cohérent.	☐	☐	☐
	Les fonctions langagières utilisées sont pertinentes pour réaliser la tâche :			
	• exprimer la condition ;	☐	☐	☐
	• parler de la mode ;	☐	☐	☐
	• caractériser en précisant la manière de faire quelque chose.	☐	☐	☐
Composante sociolinguistique	Le registre de langue utilisé est en adéquation avec la situation de communication : registre neutre.	☐	☐	☐
	Le rituel de présentation d'un article présentant un micro-trottoir a été respecté :			
	• question du micro-trottoir ;	☐	☐	☐
	• présentation des participants ;	☐	☐	☐
	• réponse sous chaque participant ;	☐	☐	☐
	• chaque présentation fait une dizaine de lignes.	☐	☐	☐

Composante linguistique	La prononciation favorise la compréhension.	☐	☐	☐
	Le lexique nécessaire pour la réalisation de la tâche est utilisé de manière appropriée :			
	• la mode.	☐	☐	☐
	La construction des adverbes est maîtrisée.	☐	☐	☐
	Les éléments syntaxiques nécessaires pour la réalisation de la tâche sont utilisés de manière appropriée :			
	• si + présent + présent ;	☐	☐	☐
	• si + présent + futur ;	☐	☐	☐
	• la place des adverbes en -ment.	☐	☐	☐
	Les verbes sont conjugués aux temps qui conviennent :			
	• le présent des verbes nécessaires pour la réalisation de la tâche ;	☐	☐	☐
	• le futur des verbes nécessaires pour la réalisation de la tâche.	☐	☐	☐
	L'orthographe du lexique nécessaire pour la réalisation de la tâche est maîtrisée.	☐	☐	☐

Il convient de communiquer les critères d'évaluation aux apprenants.
L'enseignant pourra s'appuyer sur les critères ci-dessus pour proposer une grille d'autoévaluation aux apprenants en la reformulant.

3ᴱ DÉFI : JE DÉCOUVRE D'AUTRES MODES

Livre de l'élève p. 24-25

Les documents proposés ont été choisis pour leur caractère transculturel et parce que chacun d'entre eux permet d'exposer les apprenants à d'autres visions d'une même réalité : la mode. Chaque mode diffère en fonction du contexte socioculturel dans lequel elle s'inscrit.

POUR VOTRE INFORMATION : http://www.lamodefrancaise.org/fr/secteur/chiffres.html

Les 5 points clés de la mode française

- **Une industrie puissante** : 4 000 entreprises, 10 milliards d'euros HT de Ca et 48 000 salariés.
- **Essentiellement composée de PME** : 91% du CA réalisé par les entreprises de 20 à 250 salariés.
- **Un taux d'exportation élevé** : 4,3 milliards d'euros de CA à l'exportation, en 2008, en croissance de 2 % sur 2007.
- **Une consommation intérieure de 26,8 milliards d'euros en 2007.**
- **Une évolution comparable**, sur les quinze dernière années, à celle de la sidérurgie et de l'automobile, en termes de CA, d'effectifs et d'investissement. Chacune avec ses méthodes – automatisation et qualité pour l'automobile, spécialisation et montée en gamme pour la sidérurgie, délocalisation et services pour l'habillement – ces industries ont su maintenir et développer leurs chiffres d'affaires tout en réduisant leurs effectifs de moitié.

(Voir le Panorama de l'industrie en 2008 édité par le Ministère de l'Industrie.)

La consommation

- **Consommation en valeur 2007 (par tête)**
  - Layette (0-1 ans) : 641 euros
  - Enfant (2-14 ans) : 342 euros
  - Homme : 362 euros
  - Femme : 527 euros
- **Structure de la distribution, valeur 2007 (en parts de marché)**
  - Chaînes spécialisées : 26,3%
  - Magasins indépendants : 17,1%
  - Hyper et supermarchés : 13,7%
  - Chaînes grande diffusion : 11,9%
  - Vente à distance : 7,7%
  - Magasins de sport : 7,5%
  - Grands magasins et magasins populaires : 7,3%
  - Autres : 8,5%
- **Consommation d'articles d'habillement en valeur 2007**
  - Habillement Femme : 13,7 milliards d'euros
  - Habillement Homme : 8,7 milliards d'euros
  - Habillement Enfant 2-14 ans : 3,3 milliards d'euros
  - Layette (vêtements 0-2 ans) : 1 milliard d'euros

Ces données très synthétiques sont extraites du "Guide Mode Textile Habillement 2008" publié par l'Institut français de la Mode.

Cahier d'exercices p. 36

Il s'agit ici de mettre en regard une réalité familière des apprenants avec celle de la mode française et d'autres modes ailleurs dans le monde.

1 Pour savoir comment est la mode ailleurs p. 36

Modalité	Exercice de classement
But de l'activité	Favoriser l'ouverture sur le monde, la découverte d'autres manières de vivre la mode.
Déroulement de l'activité	Individuellement les apprenants lisent les documents du livre et complètent les deux premières colonnes du tableau. Dans un deuxième temps, les apprenants choisissent un événement similaire dans leur pays pour compléter la 3e colonne du tableau avec les réponses d'un camarade. Pour finir, par groupes de deux, les apprenants, sont invités à comparer leurs réponses et à essayer de se convaincre en cas de désaccord.

Corrigé	**Nom de l'association** En France : Terralliance Au Togo : Allure Dans mon pays : **Fondateur de l'association** En France : Au Togo : Abasse Tchakondo Dans mon pays : **Actions réalisées par l'association** En France : • Œuvrer pour l'éducation citoyenne. • Soutenir les initiatives nationales liées à l'écologie, au développement durable et à la solidarité. • Organiser le Festival de la Terre. Au Togo : • Valoriser la mode en Afrique. • Développer la création vestimentaire. • Militer pour une véritable authenticité de la mode africaine. • Œuvrer pour une dynamique et une reconnaissance internationales des couturiers du continent. • Sensibiliser les jeunes à l'art vestimentaire africain. • Organiser des manifestations et des rencontres autour de la mode. • Créer un pôle d'échanges entre les professionnels de la mode d'Afrique et d'ailleurs. Dans mon pays :

2 **Pour trouver les mots cachés** **p. 36**

Modalité (cf. typologie)	**Le rébus**
Déroulement de l'activité	Individuellement les apprenants déchiffrent les rébus. Dans un deuxième temps, les apprenants écrivent les mots trouvés. Pour finir, par groupes de deux, les apprenants sont invités à comparer leurs réponses et à essayer de se convaincre en cas de désaccord.
Corrigé	1. Chat + pot = Chapeau 2. Chaud + sept = Chaussette 3. Dé + filet = Défilé 4. F + rat + terre + nid + thé = Fraternité

Livre de l'élève p. 25

3 **Pour préparer un défilé de mode original**

Les apprenants travaillent par groupes de 3/4. Ils font un remue-méninges pour obtenir une liste de thèmes originaux pour créer un défilé de mode. Chacun choisit un thème et cherche des photos sur ce thème ou fait des dessins pour l'illustrer. Ensuite, individuellement, les apprenants rédigent une présentation de leur projet. Pour finir, par groupes de deux, les apprenants échangeront la présentation de leur projet pour procéder à une séance de correction mutuelle.

Critères d'évaluation

		Oui	Partiellement	Non
Composante pragmatique	L'objectif principal a été atteint : une présentation d'un projet de défilé de mode original a été rédigée.	☐	☐	☐
	Le discours est cohérent.	☐	☐	☐
	Les fonctions langagières utilisées sont pertinentes pour réaliser la tâche :			
	• parler de la mode ;	☐	☐	☐
	• caractériser en précisant la manière de faire quelque chose ;	☐	☐	☐
	• classifier ;	☐	☐	☐
	• exprimer la condition.	☐	☐	☐
Composante sociolinguistique	Le registre de langue utilisé est en adéquation avec la situation de communication : registre neutre.	☐	☐	☐
	Le rituel de présentation d'un projet a été respecté :			
	• intitulé du défilé de mode ;	☐	☐	☐
	• éléments de contexte : qui, où, quand, comment, pourquoi ;	☐	☐	☐
	• incitation à participer à l'événement ;	☐	☐	☐
	• le récit fait une dizaine de ligne.	☐	☐	☐
Composante linguistique	La prononciation favorise la compréhension.	☐	☐	☐
	Le lexique nécessaire pour la réalisation de la tâche est utilisé de manière appropriée :			
	• la mode.	☐	☐	☐
	La construction des adverbes est maîtrisée.	☐	☐	☐
	Les éléments syntaxiques nécessaires pour la réalisation de la tâche sont utilisés de manière appropriée :			
	• si + présent + présent ;	☐	☐	☐
	• si + présent + futur ;	☐	☐	☐
	• la place des adverbes en -ment ;	☐	☐	☐
	• l'accord des superlatifs.	☐	☐	☐
	Les verbes sont conjugués aux temps qui conviennent :			
	• le présent des verbes nécessaires pour la réalisation de la tâche ;	☐	☐	☐
	• le futur des verbes nécessaires pour la réalisation de la tâche.	☐	☐	☐
	L'orthographe du lexique nécessaire pour la réalisation de la tâche est maîtrisée.	☐	☐	☐

Il convient de communiquer les critères d'évaluation aux apprenants.
L'enseignant pourra s'appuyer sur les critères ci-dessus pour proposer une grille d'autoévaluation aux apprenants en la reformulant.

LA MISSION p. 27

→ PARTICIPER À UN CONCOURS : CRÉER UN STYLE ET LE DÉFINIR

À NOTER

La mission peut faire l'objet d'une collaboration avec l'enseignant d'arts plastiques.

Les apprenants s'accordent sur un support (catalogue, blog, affiche). Ensuite, par groupes de 3/4, ils font la liste des styles existants et échangent leurs idées sur ces différents styles. Puis, ils travaillent individuellement à imaginer un nouveau style. Des techniques pourront être proposées aux apprenants afin de développer leur créativité :

1. Technique des mots-valises : Prendre deux mots qu'on réunit en un seul, par exemple : « boutique » et « pantalon », cela peut donner « boutilon ».

2. Technique aléatoire : Faire se croiser des univers, des champs de pensées, des concepts en laissant intervenir le hasard (exemple : choisir au hasard 10 mots dans une liste de mots en lien avec la mode. À partir de ces mots, inventer un style.).

3. Technique analogique : Générer la créativité en jouant sur les points communs (exemple : imaginer ce que serait un objet, une personne, un concept si c'était un pays, un animal, un proverbe…).

4. Technique du concassage : Rendre insolite le familier en décomposant un concept ou un objet pour agir sur ses caractéristiques (exemple : on augmente le poids, on modifie la matière, on supprime certaines des fonctions d'un objet, d'un vêtement, d'une tenue… pour créer une nouveau style).

Chacun choisit un style et cherche des photos ou fait des dessins pour l'illustrer. Ensuite, l'apprenant rédige une légende pour commenter son style.

Critères d'évaluation

		Oui	Partiellement	Non
Composante pragmatique	L'objectif principal a été atteint : un style a été créé et défini.	☐	☐	☐
	Les différentes tâches ont été réalisées :			
	• création du style ;	☐	☐	☐
	• sélection de photos ou réalisation de dessins illustrant le style créé ;	☐	☐	☐
	• rédaction des légendes.	☐	☐	☐
	Le discours est cohérent.	☐	☐	☐
	Les fonctions langagières utilisées sont pertinentes pour réaliser la tâche :			
	• parler de la mode ;	☐	☐	☐
	• caractériser en précisant la manière de faire quelque chose ;	☐	☐	☐
	• classifier ;	☐	☐	☐
	• exprimer la condition.	☐	☐	☐

Composante sociolinguistique	Le registre de langue utilisé est en adéquation avec la situation de communication : registre neutre.	☐	☐	☐
	Le rituel de présentation d'un style vestimentaire a été respecté :			
	• intitulé du style ;	☐	☐	☐
	• photos ou illustrations sont disposées sur le support ;	☐	☐	☐
	• une légende est disposée près de chaque illustration ;	☐	☐	☐
	• le texte de présentation compte une dizaine de lignes.	☐	☐	☐
Composante linguistique	Le lexique nécessaire pour la réalisation de la tâche est utilisé de manière appropriée :			
	• la mode.	☐	☐	☐
	La construction des adverbes est maîtrisée.	☐	☐	☐
	Les éléments syntaxiques nécessaires pour la réalisation de la tâche sont utilisés de manière appropriée :			
	• si + présent + présent ;	☐	☐	☐
	• si + présent + futur ;	☐	☐	☐
	• la place des adverbes en -ment ;	☐	☐	☐
	• l'accord des superlatifs.	☐	☐	☐
	Les verbes sont conjugués aux temps qui conviennent :			
	• le présent des verbes nécessaires pour la réalisation de la tâche ;	☐	☐	☐
	• le futur des verbes nécessaires pour la réalisation de la tâche.	☐	☐	☐
	L'orthographe du lexique nécessaire pour la réalisation de la tâche est maîtrisée.	☐	☐	☐

Il convient de communiquer les critères d'évaluation aux apprenants.

L'enseignant pourra s'appuyer sur les critères ci-dessus pour proposer une grille d'autoévaluation aux apprenants en la reformulant.

 **Livre de l'élève p. 28**

ÉVALUATION : QUIZ

Corrigé

1. J'ai détesté ce film, c'est le plus mauvais de l'année.
2. Coton, cuir, laine, chanvre
3. différemment
4. Dans 10 villes en France et dans plus de 15 autres pays.
5. Mode écologique et solidaire.
6. Une probabilité

7. Du Togo
8. Ce sont les miennes.
9. Chaussure, chaussette, chanvre, cheveux, chic, chapeau, chemise
Orange, jupe, plage, losange, écologie
10. Acheter dans une friperie, troquer, recycler ses vieux vêtements, donner ses vieux vêtements
11. essaye
12. de musique

Cahier d'exercices p. 37-38

PRÉPARATION AU DELF

COMPRÉHENSION DES ÉCRITS — 25 POINTS

Exercice 1 p. 37 — **/ 7,5 points**

Corrigé

1. La mode éthique participe à la protection de la nature. Vrai
2. La mode éthique correspond au style bohême. On ne sait pas
3. La mode éthique favorise le respect des travailleurs. Vrai
4. La mode éthique finance des projets humanitaires. Vrai
5. La mode éthique a des objectifs pour le présent et le futur. On ne sait pas

Exercice 2 p. 38 — **/ 7,5 points**

Corrigé

1. Ne pas faire travailler les enfants et respecter les droits des salariés.
2. La fabrication du produit en France.
3. L'utilisation de produits recyclés et le financement d'une œuvre caritative avec les bénéfices.

Exercice 3 p. 38 — **/ 10 points**

Corrigé

Nom - Prénom	Mourlevat Jean-Caude
Année de naissance	1952
Lieu de naissance	À Ambert en Auvergne
Profession actuelle	Écrivain
Situation de famille	Marié, 2 enfants
Lieu de résidence	Saint-Etienne
Publications	Des contes Des romans *Le Balafre, Le Combat d'hiver, Le chagrin du roi mort*

1 **Pour compléter les légendes, j'utilise *le plus, la plus, les plus*.** /4,5 points

	Sites	Légendes sous les photos
1	Cité de Carcassonne	La cité fortifiée _______ vaste d'Europe.
2	Fort Boyard	Une des forteresses _______ imprenables de France.
3	Phare de Corduan	_______ ancien des phares de pleine mer.
4	Notre-Dame de Paris	_______ célèbre des cathédrales gothiques.
5	L'Obélisque de la place de la Concorde	_______ vieux monument de Paris.
6	La Basilique du Sacré-Cœur	Le site _______ élevé et le plus visible de Paris.
7	Château de Sedan	_______ grand château fort d'Europe.
8	La tapisserie de l'Apocalypse du château d'Angers	La _______ grande tapisserie médiévale connue.
9	La mont Saint-Michel	Un des sites _______ visités de France.

2 **Pour compléter les légendes, j'utilise la préposition qui convient.** /4 points

Devant un catalogue en ligne de prêt à porter

– Pauline, je vais passer commande à la Gredoute, tu viens choisir tes vêtements pour la rentrée ?
– D'accord, j'arrive ! Oh, elle est super la chemise là.
– Laquelle ?
– Là, celle _______ carreaux
– Ok, je la mets dans le panier ! Et avec ça, une jupe _______ chanvre ?
– Non, _______ jean. J'aime bien celle là avec mon chapeau _______ paille et mes lunettes _______ forme _______ cœur, ce sera super !
– Hop, dans le panier !
– Et maintenant, des sandales ou des chaussures _______ talons ?
– Des sandales !
– _______ plastique recyclé ?
– Naturellement !
– Bon, je te laisse finir !
– Attends, attends, ta pointure ?
– 36…

3 Pour compléter les échanges entre Élodie et Mariella, je conjugue chaque verbe entre parenthèses au temps qui convient. /3,5 points

Élodie, tu as là ?
J'espère que tu vas bien et que cet été encore nous pourrons passer nos vacances ensemble.
Cette année, je te propose qu'on se retrouve en Belgique. Qu'en penses-tu ?
Si tu es d'accord, _______ (demander) à mon frère qui vit à Bruxelles de nous accueillir.

Salut Mariella,
Je vais bien. C'est une super idée. Et puis, si ton frère accepte de nous recevoir, _______ (dépenser) moins d'argent.

Oui, comme ça on pourra faire les magasins. Tu sais ce qu'il faut porter, si _______(vouloir) être à la mode en Belgique ?

Comme en France ou en Italie, si tu veux être à la mode, _______ (porter) des couleurs vives.

Au fait, tu veux y aller en août ou en juillet ?

Si on y va en juillet, mon frère _______ (pouvoir) peut-être nous accompagner de temps en temps. Si on y va en août, il nous _______ (laisser) son appartement mais on n'aura pas de guide. Qu'est-ce que tu préfères ?

Je te laisse choisir. Si tu ne _______ (voir) pas souvent ton frère, on y va en juillet. Comme ça, on a un guide et tu profites de ton frère.

Ok, ça marche. Je l'appelle et je te recontacte.

Ok. Bises

Bises

4 Pour compléter la grille, j'utilise les mots de l'unité. /8 points

1. Accessoire qui protège du soleil
2. Matière pour l'hiver
3. Accessoire qui se porte sur la tête
4. Vêtement que les hommes portent souvent sous une veste
5. Matière pour l'été
6. Événement parfois musical
7. Adverbe créé à partir du contraire de « triste »
8. Chaussures d'été

							1					
						2						
3												
				4								
			5/6									
												8
	7											

Total : ____/ 20 points

UNITÉ 3

VOTRE MISSION

→ CRÉER LE JOURNAL DE LA CLASSE .... p. 29

<table>
<tr><td rowspan="5">Compétences nécessaires pour la réalisation des micro-tâches et de la tâche</td><th colspan="2">Objectifs pragmatiques</th><th>Objectifs sociolinguistiques et interculturels</th></tr>
<tr><td colspan="2">• Exprimer la cause
• Exprimer la conséquence
• Décrire une situation
• Relater des faits
• Résumer une information</td><td>• Utiliser le registre informel, neutre, formel
• Respecter le rituel de l'interaction dans les échanges :
▪ rituel de politesse
▪ tours de paroles
• Respecter le rituel de présentation des documents
• Adopter un comportement ouvert pour être à l'écoute des autres et découvrir l'utilisation des médias d'autres pays du monde</td></tr>
<tr><th colspan="3">Outils langagiers à acquérir</th></tr>
<tr><th>Grammaire</th><th>Lexique</th><th>Phonétique</th></tr>
<tr><td>• L'expression de la cause
• L'expression de la conséquence
• L'imparfait
• Le passif
• La nominalisation</td><td>• Policier
• Des médias</td><td>• La mise en évidence
• L'opposition [ʃ] / [v]</td></tr>
</table>

JE DÉCOUVRE LA MISSION

Livre de l'élève p. 29

11 Ce document sonore a pour objectif de plonger les apprenants dans l'univers des médias dans lequel ils vont évoluer pendant l'unité et de les mettre sur la voie de la tâche qu'ils auront à accomplir : *Créer le journal de la classe.*

Cahier d'exercices p. 39

Inviter les élèves à noter les indices trouvés dans le cadre.
Indices sonores : bruit de feuilles déplacées.

Livre de l'élève p. 29

Les apprenants prennent leur livre p. 29 afin d'observer la photo pour repérer les indices visuels qui vont leur permettre de valider les réponses faites précédemment.
Indices visuels : trois adolescents dans une salle de classe en train de lire un journal.

JE PRÉPARE LA MISSION

Cahier d'exercices p. 39

Qu'est-ce que je sais faire ?	Qu'est-ce que je vais apprendre ?
• Décrire une situation passée • Relater des faits	• Exprimer la cause • Exprimer la conséquence • Relater des faits • Résumer une information

1ER DÉFI : J'ÉCRIS UNE HISTOIRE POLICIÈRE

À NOTER
Le 1er défi peut faire l'objet d'une collaboration avec le professeur de langue maternelle.

JE COMPRENDS

Livre de l'élève p. 30

→ Anticipation

Réponses possibles pour l'illustration ①
1. Des couvertures de livres, des boitiers de DVD.
2. Des scènes mystérieuses, des scènes de film ou de romans policiers.

Réponses possibles pour l'illustration ②
1. Des résumés de films ou de romans policiers, des critiques de films ou de romans policiers.
2. À informer les lecteurs pour faciliter leur choix, à inciter ou a décourager le lecteur de faire ce choix.

Réponses possibles pour l'illustration ③

1. 3 collégiens, adolescents, amis : 2 filles et 1 garçon.
2. Ils parlent de leurs cours, d'un livre.

→ Compréhension globale

Réponses attendues pour l'illustration ①

1. Des couvertures de livres.
2. La photo de couvertures de romans d'aventures et policiers.

Réponses attendues pour l'illustration ②

1. La quatrième de couverture qui présente le roman.
2. À informer les lecteurs sur le contenu du roman.

Réponses attendues pour l'illustration ③

1. Lisa, une amie et un ami de Lisa.
2. Ils parlent du livre « Combat d'hiver ».

Cahier d'exercices p. 40

12 Jeu-concours de littérature jeunesse

→ Compréhension détaillée

La tâche de réception est un jeu concours qui comporte deux étapes :

– les apprenants observent, lisent et écoutent les documents de la p. 30 du livre de l'apprenant afin de prendre des notes qui leur permettront d'identifier la couverture qui ne correspond à aucune des présentations faites.

– Les apprenants ferment le livre et s'appuient sur les notes prises précédemment pour participer à la suite du jeu-concours.

Corrigé

	Sans nom ni blason	Mort sur le net	Disparus	Combat d'hiver
1. Le héros veut partir retrouver sa famille.	X			
2. L'histoire commence dans un internat.				X
3. L'assassin envoie des messages par internet.		X		
4. Le héros est un ancien voleur.			X	
5. Les héros sont poursuivis.				X
6. L'histoire se déroule sur les routes de France.	X			
7. Le héros mène l'enquête avec l'aide d'un écrivain.			X	
8. La mort de la victime est un mystère.		X		
9. L'auteur du roman est Jacqueline Mirande.	X			

La couverture 5 ne correspond à aucune présentation.

Livre de l'élève p. 31

Exemple	Que fait le personnage ?	Quelle structure il utilise ?
« Grâce à cet indice, je vais résoudre l'énigme ! »	Il exprimer la cause.	**Grâce à** + nom

Cahier d'exercices p. 41

12 Transcription

Doc 3 p. 30

ÉMILIE : Salut Lisa, qu'est-ce que tu lis ?
LISA : *Combat d'hiver.*
ÉMILIE : C'est bien ?
LISA : Oui, c'est super ! Si tu veux, je te le prête, je viens de le finir…
ÉMILIE : C'est vraiment bien ?
LISA : Puisque je te le dis !
PAUL : C'est un polar ?
LISA : C'est plutôt un roman d'aventure.
PAUL : Et ça parle de quoi ?
LISA : C'est l'histoire de quatre orphelins qui sont enfermés dans un internat. Ils découvrent que leurs parents ont été tués par ceux qui ont pris le pouvoir il y a quinze ans. Du coup, ils décident de s'évader pour reprendre le combat de leurs parents. Mais ils doivent d'abord échapper aux « hommes-chiens » qui ont été lancés à leur poursuite. À cause de tout ça, ils vont être séparés mais grâce à leur courage, ils finiront par se retrouver.
ÉMILIE : Ok, ok, je te l'emprunte !

→ **Repérage**

	Doc. 2	Doc. 3
relater des faits	• Le mort a été retrouvé assis dans un fauteuil. • Il a été tué net par une épée de collection qui a disparu. • Un message étrange a été envoyé sur l'ordinateur de la victime • Guillaume a été abandonné tout petit, devant un monastère.	• quatre orphelins qui sont enfermés dans un internat. • leurs parents ont été tués • Ceux qui ont pris le pouvoir il y a quinze ans • aux « hommes-chiens » qui ont été lancés à leur poursuite.
exprimer la cause	• C'est un mystère, car la porte d'entrée de la victime est fermée • Comme Vincent pense que la jeune fille qui possédait ce sac est en danger, il décide de la sauver.	• Puisque je te le dis ! • À cause de tout ça, ils vont être séparés • Grâce à leur courage, ils finiront par se retrouver.
exprimer la conséquence	• Comment l'assassin a-t-il donc pu s'échapper ? • Il est maltraité par le seigneur de son domaine, il décide alors de partir à la recherche de sa famille.	• Du coup, ils décident de s'évader

→ Conceptualisation

Pour…	Je peux utiliser :	Je connais aussi :
relater des faits	• Le passé composé passif	• Le passé composé
exprimer la cause	• Groupe verbal + **car** + groupe verbal • **Comme** + groupe verbal + groupe verbal • **Puisque** + groupe verbal • **À cause de** + pronom + groupe verbal • **Grâce à** + nom + groupe verbal	• Groupe verbal + **parce que** + groupe verbal
exprimer la conséquence	• **Donc** • **Alors** • **Du coup**	

JE M'ENTRAÎNE

Livre de l'élève p. 31

5 Pour énumérer les objets volés

Modalité (cf. typologie)	**mémocercle**
But de l'activité	Énumérer les objets volés
Objectifs pragmatiques	• Relater des faits passés • Énumérer
Objectif sociolinguistique et socioculturel	Utiliser le registre neutre
Outils langagiers	• Le passé composé • Le passif • Les possessifs
Exemple d'échange	*– Le voisin a été cambriolé ! On lui a volé sa montre.* *– Le voisin a été cambriolé ! On lui a volé sa montre et sa moto !*
Déroulement de l'activité	Par groupe de 3, les apprenants observent les photos de la p.31. Ensuite, ils ferment le livre. L'apprenant 1 relate l'incident et commence l'énumération des objets volés. Le deuxième répète en poursuivant l'énumération et ainsi de suite jusqu'à ce que tous les objets volés aient été énumérés.

Phonétique

Modalité	**Exercice de répétition**
Déroulement de l'activité	Lors de la première écoute, les apprenants se familiarisent avec le corpus. Lors de la deuxième écoute les apprenants repèrent la syllabe accentuée. Ensuite, par groupes de deux, les apprenants sont invités à comparer leurs réponses et à essayer de se convaincre en cas de désaccord. Lors de la troisième écoute, après chaque énoncé, les apprenants répètent les mots en insistant sur la syllabe accentuée.

Corrigé	1. Le voleur est **très** fort, puisqu'il n'a pas laissé de preuves. 2. J'ai **vrai**ment aimé ce livre, du coup, je te le prête. 3. C'est grâce à **l'in**specteur Poirot que les policiers ont terminé l'enquête ! 4. C'est **im**portant de trouver des indices pour retrouver le tueur. 5. Ce n'est pas le témoin, c'est l'**a**ssassin qu'on doit trouver.
À noter	L'accentuation dont il est question ici n'est plus l'accent de groupe mais l'accent d'insistance. La syllabe n'est plus allongée mais prononcée de manière plus intense, une fréquence plus haute, et parfois une légère pause suivie d'un coup de glotte. On insistera notamment sur la différence entre les syllabes en gras et la dernière syllabe de la phrase qui est allongée.

Cahier d'exercices p. 43-46

1 Sur quoi j'insiste ? p. 43

Modalité	Exercice de repérage
Déroulement de l'activité	Lors de la première écoute, les apprenants se familiarisent avec le corpus. Lors de la deuxième écoute les apprenants repèrent le mot mis en évidence. Ensuite, par groupes de deux, les apprenants sont invités à comparer leurs réponses et à essayer de se convaincre en cas de désaccord. Lors de la troisième écoute, les apprenants entourent la syllabe accentuée.
Corrigé	Mots en évidence : 1. **in**térieur – 2. **vé**ritable – 3. **toutes** les issues – 4. **ro**man – 5. **po**licier – 6. **sus**pect

2 Utiliser sa voix pour insister p. 43

Modalité	Exercice de répétition
Déroulement de l'activité	Lors de la première écoute, les apprenants se familiarisent avec le corpus. Ensuite, par groupes de deux, l'apprenant A fait une affirmation et l'apprenant B le contredit en insistant sur l'information rectifiée.
Pour aller plus loin	Pour renforcer cette activité, on peut proposer un jeu de balles avec un jeu de questions-réponses adapté aux apprenants, d'après ce qu'ils savent les uns des autres. Exemple : Tu t'appelles Johan ? Non, je m'appelle **Ju**lien. Tu as 13 ans ? Non, j'ai **qua**torze ans.

3 Les délits p. 44

Modalité	Mots croisés
Déroulement de l'activité	Individuellement, les apprenants complètent la grille de mots croisés. (Cette première étape peut être réalisée en devoir à la maison.) Ensuite, par groupes de deux, les apprenants sont invités à comparer leurs réponses et à essayer de se convaincre en cas de désaccord.
Corrigé	1. assassin – 2. danger – 3. mystère – 4. enquête – 5. victime – 6. policiers – 7. poursuite – 8. polar – 9. voleur – 10. enfermés

4 Dans le quartier p. 44

Modalité (cf. typologie)	Pioche !
But de l'activité	Simuler un échange pour annoncer un fait à quelqu'un
Objectifs pragmatiques	• Annoncer quelque chose à quelqu'un • Relater un fait passé • Exprimer son étonnement
Objectifs sociolinguistiques et socioculturels	• Utiliser le registre neutre • Respecter le rituel de l'interaction : les tours de parole
Outils langagiers	• L'expression **Vous savez que**… • Le passé composé passif • L'expression **Ce n'est pas vrai !**
Exemple d'échange	*– Vous savez que le voisin a été agressé devant l'immeuble !* *– Non, ce n'est pas vrai !*
Déroulement de l'activité	Par deux, les apprenants font une série de fiches numérotées de 1 à 8. Ils simulent un échange pour annoncer un fait à quelqu'un. L'apprenant A pioche un numéro pour interroger l'apprenant B qui réagit comme dans l'exemple. On inverse ensuite les rôles. L'enseignant pourra intervenir en cas de litige pour inviter les apprenants à vérifier auprès d'autres camarades ou à consulter des documents de références (livre, cahier…).

5 Fait divers p. 45

Modalité	Exercice d'appariement
Déroulement de l'activité	Individuellement, les apprenants relient les deux parties de l'information. (Cette première étape peut être réalisée en devoir à la maison.) Ensuite, par groupes de deux, les apprenants sont invités à comparer leurs réponses et à essayer de se convaincre en cas de désaccord.
Corrigé Toute proposition grammaticalement et sémantiquement correcte pourra être acceptée.	Un client a été enfermé toute la nuit dans une banque. Des voleuses ont été arrêtées à Nantes. Les poubelles d'un jardin public ont été détruites. Une valise d'argent a été retrouvée sur une plage. Une lettre anonyme a été envoyée au Président de la République. Un évadé a été poursuivi par la police. Un supermarché a été cambriolé. Des chats ont été abandonnés à la sortie de la ville. Une œuvre d'art a été volée.

6 Incidents au collège **p. 45**

Modalité	**Exercice de reformulation**
Déroulement de l'activité	Individuellement, les apprenants reformulent les informations en utilisant le passif. (Cette première étape peut être réalisée en devoir à la maison.) Ensuite, par groupes de deux, les apprenants sont invités à comparer leurs réponses et à essayer de se convaincre en cas de désaccord
Corrigé	1. Un ordinateur de la salle informatique a été volé. 2. Des carreaux ont été cassés. 3. Des poubelles ont été brûlées. 4. Une boule puante a été lancée dans la cantine. 5. Des documents importants ont été déchirés. 6. Des messages ont été écrits sur les murs.

7 Les nouvelles **p. 45-46**

Modalité (cf. typologie)	**Levez !**
But de l'activité	Simuler un échange pour annoncer un fait à quelqu'un
Objectifs pragmatiques	• Annoncer quelque chose à quelqu'un • Relater un fait passé • Exprimer son étonnement
Objectifs sociolinguistiques et socioculturels	• Utiliser le registre amical • Respecter le rituel de l'interaction : les tours de paroles
Outils langagiers	• L'expression **Écoute ça**… • Le passé composé passif • L'expression **Ah bon !**
Exemple d'échange	– *Écoute ça : cambriolage d'une banque à Angers.* – *Ah bon, une banque a été cambriolée à Angers !*
Déroulement de l'activité	Les apprenants travaillent par groupes de 3/4. Ils font 4 fiches : + Ø ; + e ; + s ; + es. Ils simulent un échange pour annoncer un fait. L'apprenant A annonce un fait à l'apprenant B comme dans l'exemple. L'apprenant B formule sa réaction comme dans l'exemple. Les autres apprenants du groupe écoutent l'échange et lèvent la fiche correspondant à l'accord du participe passé. On inverse ensuite les rôles. L'enseignant pourra intervenir en cas de litige pour inviter les apprenants à vérifier auprès d'autres camarades ou à consulter des documents de références (livre, cahier…).

8 Les extraterrestres **p. 46**

Modalité	**QCM**
Déroulement de l'activité	Individuellement, les apprenants sélectionnent et entourent l'expression qui convient. (Cette première étape peut être réalisée en devoir à la maison.) Ensuite, par groupes de deux, les apprenants sont invités à comparer leurs réponses et à essayer de se convaincre en cas de désaccord.

Corrigé	« J'étais avec Pierre Legal. **Comme** il était très tard, on ne voyait pas très bien. Tout à coup, on a entendu un bruit et on a vu une lumière étrange dans le ciel. **Alors** on s'est caché. La lumière s'est posée dans le champ et **du coup** on a pu voir que c'était un objet volant. Deux êtres étranges sont sortis. **Comme** ils parlaient fort, nous avons pu les entendre. Ils parlaient une langue un peu comme le latin. **Grâce à** mes souvenirs d'école, j'ai pu les comprendre. Ils venaient visiter la terre. **À cause du** bruit, le chien de Pierre a aboyé. **Alors** ils ont eu peur et ils sont repartis. Demandez à Pierre **puisque** vous ne me croyez pas ! »

9 Une histoire d'amour **p. 46**

Puisque / Comme – À cause du – Puisque – Comme – Grâce à – Du coup – Alors.

JE PASSE À L'ACTION

Livre de l'élève p. 31

6 Pour écrire une histoire policière

Les apprenants travaillent individuellement. Ils observent la couverture du roman *Sans issue* et notent les mots qu'ils associent à l'illustration. A partir de leurs notes qu'ils mutualisent par deux, ils inventent oralement une histoire. Individuellement, ils rédigent la présentation de l'histoire comme pour une 4e de couverture. Pour finir, ils échangeront leur production afin de procéder à une correction mutuelle.

Critères d'évaluation

		Oui	Partiellement	Non
Composante pragmatique	L'objectif principal a été atteint : le résumé d'une histoire a été rédigé.	☐	☐	☐
	Le discours est cohérent.	☐	☐	☐
	Les fonctions langagières utilisées sont pertinentes pour réaliser la tâche :			
	• exprimer la cause ;	☐	☐	☐
	• exprimer la conséquence ;	☐	☐	☐
	• relater des faits.	☐	☐	☐
Composante sociolinguistique	Le registre de langue utilisé est en adéquation avec la situation de communication : registre neutre.	☐	☐	☐
	Le rituel de présentation d'une 4e de couverture est respecté :			
	• présence d'un titre ;	☐	☐	☐
	• texte présenté sur une seule colonne ;	☐	☐	☐
	• présence d'un ou deux paragraphe(s).	☐	☐	☐

Composante linguistique	Le lexique nécessaire pour la réalisation de la tâche est utilisé de manière appropriée :			
	• histoire policière ;	☐	☐	☐
	• enquête.	☐	☐	☐
	Les structures nécessaires pour la réalisation de la tâche sont utilisées de manière appropriée :			
	• le passif : sujet + verbe être + participe passé + par + nom.	☐	☐	☐
	Les éléments syntaxiques nécessaires pour la réalisation de la tâche sont maîtrisés :			
	• les expressions de cause ;	☐	☐	☐
	• les expressions de conséquence.	☐	☐	☐
	Les verbes sont conjugués aux temps et aux personnes qui conviennent pour la réalisation de la tâche :			
	• temps du passé ;	☐	☐	☐
	• 3e personne du singulier de pluriel ;	☐	☐	☐
	• la voix passive.	☐	☐	☐
	L'orthographe du lexique nécessaire pour la réalisation de la tâche est maîtrisée.	☐	☐	☐

2E DÉFI : JE RÉSOUS UNE ÉNIGME POLICIÈRE

À NOTER

Le 2e défi peut faire l'objet d'une collaboration avec le professeur de langue maternelle.

JE COMPRENDS

Livre de l'élève p. 32

→ Anticipation

Réponses possibles pour l'illustration du document ①

1. Une femme, une journaliste, l'animatrice d'une émission de télévision.
2. Sur un plateau de télévision, à la télévision.
3. Les vacances, les transports aériens, un accident d'avion.

Réponses possibles pour le document ②

1. Un bloc notes, un cahier avec des notes.
2. Mathilde Sorin, Barbara Bans, Élise Lopez, Anne Martin.

→ Compréhension globale

Réponses attendues pour l'illustration du document ①

1. Une journaliste.
2. Sur le plateau du journal télévisé.
3. Un détournement d'avion.

Réponses attendues pour l'illustration ②

1. Le cahier de notes d'un policier ou d'un journaliste.
2. Quatre suspectes : Mathilde Sorin, Barbara Bans, Élise Lopez, Anne Martin.

Cahier d'exercices p. 47

→ Compréhension détaillée

Proposition de corrigé

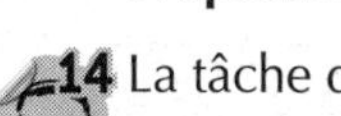

14 La tâche de réception servira de base à la tâche de production.

Les apprenants seront d'abord invités à identifier dans le document 1 les faits. Puis, ils classeront les différents indices contenus dans le document 2. La colonne « Alibis ou preuves » ne sera complétée que lors de l'étape de production.

Corrigé

Date des faits	Le 14 août à 8 h 30
Lieu des faits	Dans le vol Paris-Mexico
Les faits	Le pilote a été obligé de survoler la Martinique et la pirate de l'air s'est enfuit grâce à son parachute.
Premiers éléments de l'enquête	• D'après les témoins, la pirate de l'air avait les cheveux blonds et les yeux verts. • Quatre suspectes ont été interpellées et seront interrogées.

	Indices	**Alibi ou preuve**
Mathilde Sorin	• Le mari de Mathilde Sorin est le pilote de l'avion. • La femme du pilote de l'avion est professeur de Yoga. • La prof de Yoga a été filmée par une caméra de surveillance de la banque centrale de Martinique au moment des faits.	
Barbara Bans	• Barabara Bans a un frère, Jean Bans, qui habite l'île de la Martinique depuis un an. • Jean Bans est instituteur à la Martinique. • Barbara Bans est une militante écologique. • La sœur de l'instituteur à la phobie des avions.	
Élise Lopez	• Élise Lopez pliait un parachute quand elle a été interpellée. • Élise Lopez est une archéologue qui fait des fouilles sur l'île de la Martinique. • L'archéologue s'est teint les cheveux en blond le jour de son interpellation. • L'archéologue pense qu'elle a été chargée d'une mission : rendre le monde meilleur.	
Anne Martin	• Vol dans un magasin de parachutes à côté de chez Anne Martin. • Anne Martin vit à la Martinique où elle dirige une ONG.	

JE DÉCOUVRE LA LANGUE

Livre de l'élève p. 33

Exemple	Que fait le personnage ?	Quelle structure il utilise ?
« Découverte d'un squelette de dinosaure à Angers. »	Il résume une information.	La nominalisation

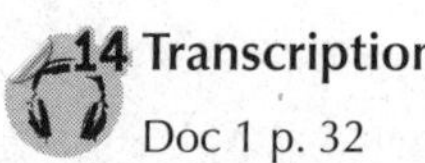

14 Transcription

Doc 1 p. 32

LA JOURNALISTE : Détournement d'avion. Il était 8 h 30 ce matin, quand le vol Air France Paris-Mexico a décollé de Paris. Au cours du voyage, une jeune femme qui voyageait sous une fausse identité est entrée dans la cabine de pilotage et a menacé l'équipage. Le pilote a été obligé de survoler l'île de la Martinique : la pirate de l'air a ainsi pu faire une descente en parachute et s'enfuir. La police mène l'enquête.
LA JOURNALISTE : Réalisation du portrait-robot de la pirate de l'air. Du nouveau dans l'affaire du détournement d'avion qui a eu lieu le 14 août dernier sur le vol Paris-Mexico. Grâce aux témoignages des passagers et de l'équipage, un portrait-robot de la pirate de l'air a été réalisé. D'après les témoins, la pirate de l'air avait les cheveux blonds et les yeux verts, elle ne portait pas de lunettes et mesurait 1 m 60 environ.
LA JOURNALISTE : Interpellations et interrogatoires de quatre suspectes.
Grâce au portrait-robot, quatre suspectes ont été interpellées. Elles seront interrogées par la police dans les jours qui viennent.

→ Repérage

	Doc. 1	Doc. 2
décrire une situation	• Il était 8 h 30 • une jeune femme qui voyageait sous une fausse identité • la pirate de l'air avait les cheveux blonds et les yeux verts • elle ne portait pas de lunettes et mesurait 1 m 60	• Élise Lopez pliait un parachute • Le mari de Mathilde Sorin pilotait l'avion au moment des faits.
relater des faits	• le vol Paris Mexico a décollé de Paris • une jeune femme est entrée dans la cabine de pilotage et a menacé l'équipage.	• La prof de Yoga a été filmée par une caméra de surveillance • elle a été chargée d'une mission
résumer une information	• Détournement d'avion. • Réalisation du portrait-robot de la pirate de l'air. • Interpellations et interrogatoires de quatre suspectes.	• Vol dans un magasin de parachutes • quand elle a été interpellée.

→ Conceptualisation

Pour…	Je peux utiliser :	Je connais aussi :
décrire une situation passée	L'imparfait	
relater des faits	Le passé composé passif	Le passé composé actif
résumer une information	La nominalisation	

Livre de l'élève p. 33

5 **Pour mener l'enquête et trouver le voleur**

Modalité (cf. typologie)	**Question - réponse**
But de l'activité	Identifier le voleur
Objectifs pragmatiques	• Demander une information • Décrire une situation passée
Objectifs sociolinguistiques et socioculturels	• Utiliser le registre neutre : ▪ interrogation avec **Est-ce que… ?** • Respecter le rituel de l'interaction : les tours de parole • Respecter le rituel du jeu : ▪ poser des questions fermées ▪ répondre par oui ou non
Outils langagiers	• **Est-ce que… ?** • L'imparfait • Lexique de la description physique
Exemple d'échange	*– Est-ce que le voleur avait les yeux bleus ?* *– Non !*
Déroulement de l'activité	Les apprenants travaillent en grand groupe. Un apprenant, qui joue le rôle d'un inspecteur de police, sort de la classe pendant que le groupe, qui jouera le rôle des témoins, s'accorde sur l'identité de celui qui joue le rôle du voleur. Il s'agit d'une des personnes présentes dans la salle. On fait ensuite entrer l'inspecteur de police qui doit obtenir des informations pour réaliser le portrait robot du voleur (couleur des cheveux, des yeux ; forme de la bouche, du menton, du front, des yeux ; type de vêtements, couleur des vêtements…). Pour cela, il interroge les témoins à tour de rôle en leur posant des questions auxquelles ils ne peuvent répondre que par oui ou par non (exemple : « Est-ce que le voleur avait les yeux bleus ? »). Un seul témoin est autorisé à ne pas dire la vérité, c'est celui qui joue le rôle du voleur. Grâce aux indices fournis par les témoins, l'inspecteur fait des recoupements pour découvrir l'identité du voleur. Le jeu peut se poursuivre avec d'autres inspecteurs et d'autres voleurs pendant 10 à 15 minutes environ.

Phonétique p. 33

Modalité	**Levez !**
But de l'activité	Distinguer les sons [f] et [v]
Déroulement de l'activité	Les apprenants réalisent chacun une fiche avec [f] et une fiche avec [v]. Lors de la première écoute, les apprenants se familiarisent avec le corpus. Lors de la deuxième écoute, après chaque énoncé, ils lèvent la fiche [f], s'ils entendent [f] ou la fiche [v], s'ils entendent [v]. Une troisième écoute permettra de valider les réponses.
Corrigé	[f] les fouilles, s'enfuir, une information [v] la télévision, une interview, voyager

Phonétique

1 Souffler et vibrer : les sons [f] et [v] p. 50

Modalité (cf. typologie)	Exercice de répétition
Déroulement de l'activité	Avant la première écoute : pour échauffer sa voix, imiter le souffle du vent [f], puis faire vibrer sa voix [v]. Lors de la première écoute, les apprenants se familiarisent avec le corpus. Lors de la deuxième écoute, ils répètent les énoncés.
À noter	Cet exercice a pour objectif de favoriser la prononciation des consonnes [f] et [v], qui ne se différencient que par la vibration des cordes vocales pour [v]. Il est utile de maintenir le contact de la main contre la gorge pour sentir les cordes vocales vibrer et amener l'apprenant à prendre conscience physiquement de la différence qu'il entend. L'exercice est construit de manière progressive, pour amener du simple son à la prononciation de phrases complexes, avec des allitérations, comme des virelangues autour des thèmes de l'unité. À noter, phrase 7. « Rendez-vous à neuf heures (...) », la lettre <f> est prononcée [v].

2 Des mots avec le son [f] p. 50

Modalité (cf. typologie)	Exercice de repérage
Déroulement de l'activité	Lors de la première écoute, les apprenants se familiarisent avec le corpus. À la seconde écoute, ils entourent la ou les lettres qui se prononcent [f]. Une troisième écoute leur permettra de chercher des mots de la même famille qui contiennent le son [f].
Corrigé et propositions	**F**ait → faire, faite, faits - réchau**ff**er → chauffer, chauffage, réchauffé - **ph**otogra**ph**ier → photographe, photo, photographie – s'en**f**uir → fuir, fuite – coi**ff**eur → coiffeuse, coiffure, coiffer, coiffage, coiffant – or**ph**eline → orphelin, orphelinat – impar**f**ait → imparfaite, parfait – in**f**ormer → information, informations, informatif
À noter	Cette activité présente les 3 graphies du son [f] en français <f>, <ff> et <ph>, dans les mots déjà rencontrés par les apprenants ainsi que leur réinvestissement dans des mots qui leur sont proches, et ce afin de mieux mémoriser les graphies en situation.

3 Vocapolar p. 51

Modalité	Exercice de classement
Déroulement de l'activité	Individuellement, les apprenants classent les phrases pour indiquer qui fait l'action. (Cette première étape peut être réalisée en devoir à la maison.) Ensuite, par groupes de deux, les apprenants sont invités à comparer leurs réponses et à essayer de se convaincre en cas de désaccord.
Corrigé	**Le coupable** : Voler une mobylette – Cambrioler une maison – Assassiner quelqu'un –Incendier une voiture – Blesser quelqu'un. **La police** : Découvrir des indices – Vérifier l'alibi du suspect – Faire le portrait-robot du suspect – Mener l'enquête – Interroger les suspects.

4 Mots croisés policiers p. 51

Modalité (cf. typologie)	**Mots croisés**
Déroulement de l'activité	Individuellement, les apprenants complètent la grille de mots croisés en mominalisant les verbes proposés. (Cette première étape peut être réalisée en devoir à la maison.) Ensuite, par groupes de deux, les apprenants sont invités à comparer leurs réponses et à essayer de se convaincre en cas de désaccord.
Corrigé	1. menace – 2. interpellation – 3. témoignage – 4. vol – 5. interrogatoire – 6. découverte – 7. détournement – 8. arrestation – 9. réalisation – 10. enlèvement

5 Flash info p. 52

Modalité (cf. typologie)	**Exercice de reformulation**
Déroulement de l'activité	Individuellement, les apprenants formulent des titres en nominalisant les verbes des phrases proposées. (Cette première étape peut être réalisée en devoir à la maison.) Ensuite, par groupes de deux, les apprenants sont invités à comparer leurs réponses et à essayer de se convaincre en cas de désaccord.
Corrigé	1. Cambriolage d'une banque à Versailles. 2. Réalisation du portrait-robot du suspect n° 1. 3. Découverte de faux billets dans une valise à la gare Montparnasse. 4. Détournement du vol Paris-Bogota. 5. Interpellation d'un suspect ce matin. 6. Poursuite d'un voleur par un chien.

6 Témoignage p. 52

Modalité (cf. typologie)	**Jeu des différences**
But de l'activité	Identifier les différences dans deux versions d'un même incident
Objectifs pragmatiques	• Décrire une situation passée • Relater des faits
Objectifs sociolinguistiques et socioculturels	• Utiliser le registre neutre • Respecter le rituel de l'interaction : les tours de paroles
Outils langagiers	• L'imparfait • Le passé composé • Le passif • Le vocabulaire policier
Exemple d'échange	*– On était sur le quai de la gare, il y avait beaucoup de monde. Tout à coup, un homme/une femme a crié « Au voleur ! »…*
Déroulement de l'activité	Les apprenants travaillent par groupes de deux, ils disposent chacun d'un temps limité pour observer les illustrations. L'apprenant A observe la bande A et l'apprenant B observe la bande B. Ensuite, ils ferment le livre et racontent, à tour de rôle, leur version de l'histoire. Pour finir, ensemble, ils font la liste des différences entre les deux versions de l'incident.

7 Enquête **p. 52-53**

Modalité (cf. typologie)	**Pioche !**
But de l'activité	Simuler un échange pour donner une explication
Objectifs pragmatiques	• Donner une information • Relater des faits • Exprimer la cause
Objectifs sociolinguistiques et socioculturels	• Utiliser le registre formel : vouvoiement, utilisation des titres • Respecter le rituel de l'interaction : les tours de parole
Outils langagiers	• L'expression de la cause • Le passé composé
Exemple d'échange	*– Grâce aux nouveaux indices, on a interpellé des suspects, chef !* *– Je vous félicite, inspecteur Dugenou !*
Déroulement de l'activité	Par deux, les apprenants font une série de fiches numérotées de 1 à 9. Ils simulent un échange pour donner une explication avec les éléments tirés au sort. L'apprenant A donne une explication à l'apprenant B comme dans l'exemple. L'apprenant B formule la réponse comme dans l'exemple ou selon les cas, en utilisant « Je ne vous félicite pas, inspecteur Dugenou ». On inverse ensuite les rôles. L'enseignant pourra intervenir en cas de litige pour inviter les apprenants à vérifier auprès d'autres camarades ou à consulter des documents de références (livre, cahier…).

9 Mimincident **p. 53**

Modalité (cf. typologie)	**La criée**
But de l'activité	Formuler l'incident mimé
Objectifs pragmatiques	• Décrire une situation passée • Relater un fait passé
Objectifs sociolinguistiques et socioculturels	• Utiliser le registre neutre • Respecter le rituel de l'interaction : les tours de parole
Outils langagiers	• L'imparfait • Le passé composé passif
Exemple d'échange	*– Je me promenais le long de la Seine quand j'ai été attaqué par un chien.*
Déroulement de l'activité	Les apprenants travaillent par groupes de 4/5. Chaque apprenant rédige un ou deux incident(s) sur le modèle suivant : situation à l'imparfait + quand + incident au passé composé actif ou passif et le mime aux autres membres du groupe qui formule l'incident mimé.

Livre de l'élève p. 33

6 Pour résoudre l'énigme policière

La tâche de production s'appuie sur la tâche de compréhension.

Les apprenants ayant identifié les faits et classé les différents indices sont désormais en mesure de résoudre cette énigme policière. Par groupes de deux, ils vont recouper les différents éléments d'information qu'ils possèdent. Ils procéderont par élimination et pourront compléter la colonne « Alibis ou preuves ».

On demandera ensuite aux apprenants de rédiger un petit récit reprenant tous les éléments de l'enquête qui pourra être utilisé pour rédiger un article pour le journal p. 37.

Critères d'évaluation

		Oui	Partiellement	Non
Composante pragmatique	L'objectif principal a été atteint : un récit a été rédigé.	☐	☐	☐
	Le discours est cohérent.	☐	☐	☐
	Les fonctions langagières utilisées sont pertinentes pour réaliser la tâche :			
	• exprimer la cause ;	☐	☐	☐
	• exprimer la conséquence ;	☐	☐	☐
	• décrire des faits passés ;	☐	☐	☐
	• relater des faits ;	☐	☐	☐
	• résumer une information.	☐	☐	☐
Composante sociolinguistique	Le registre de langue utilisé est en adéquation avec la situation de communication.	☐	☐	☐
	Le rituel de présentation d'un récit est respecté :			
	• présence d'un titre ;	☐	☐	☐
	• présence de paragraphe(s).	☐	☐	☐
Composante linguistique	Le lexique nécessaire pour la réalisation de la tâche est utilisé de manière appropriée :			
	• histoire policière ;	☐	☐	☐
	• enquête.	☐	☐	☐
	Les structures nécessaires pour la réalisation de la tâche sont utilisées de manière appropriée :			
	• le passif : sujet + verbe être + participe passé + par + nom ;	☐	☐	☐
	• l'imparfait / passé composé ;	☐	☐	☐
	• la nominalisation.	☐	☐	☐
	Les éléments syntaxiques nécessaires pour la réalisation de la tâche sont maîtrisés :			
	• les expressions de cause ;	☐	☐	☐
	• les expressions de conséquence.	☐	☐	☐
	Les verbes sont conjugués aux temps et aux personnes qui conviennent pour la réalisation de la tâche.	☐	☐	☐
	L'orthographe du lexique nécessaire pour la réalisation de la tâche est maîtrisée.	☐	☐	☐

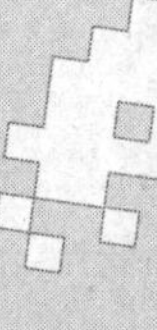

À NOTER

Le 3e défi peut faire l'objet d'une collaboration avec le professeur de langue maternelle, le professeur ou l'acteur de la vie scolaire.

Livre de l'élève p. 34-35

Les documents proposés ont été choisis pour leur caractère transculturel et parce que chacun d'entre eux permet d'exposer les apprenants à d'autres visions d'une même réalité : les médias. Le rôle, la place et la fonction des médias diffèrent en fonction du contexte socioculturel dans lequel ils s'inscrivent.

POUR EN SAVOIR PLUS SUR LES MÉDIAS EN FRANCE :

http://www.journaldunet.com/cc/01_internautes/inter_usage_fr.shtml
http://www.francofil.net/fr/medias/medfr_fr.html

Cahier d'exercices p. 54

Il s'agit ici de mettre en regard une réalité familière des apprenants, l'usage des médias, avec celle des jeunes en France et ailleurs dans le monde.

1 Pour comparer l'utilisation d'Internet en Europe

Modalité (cf. typologie)	Exercice de classement
But de l'activité	Favoriser l'ouverture sur le monde, la découverte des différentes utilisations d'Internet selon les pays.
Déroulement de l'activité	Dans un premier temps, les apprenants complètent individuellement le tableau à partir de leurs représentations. Dans un deuxième temps, par groupes de deux, les apprenants, sont invités à comparer leurs réponses et à essayer de se convaincre en cas de désaccord. Dans un troisième temps, les apprenants observent et lisent les documents des p. 34 et 35 du livre de l'élève et mettent en regard les informations contenues dans ses pages et leurs hypothèses.

Corrigé

	France	Allemagne	Italie	Royaume-Uni	Espagne
Consulter des blogs	X				
Écouter des webradios				X	
Jeux vidéo en ligne		X			
Tenir un blog					X
Utiliser la messagerie instantanée					X
Utiliser la téléphonie IP					X
Participer à un forum			X		
Faire un commentaire sur un blog	X				

2 Pour utiliser le vocabulaire des médias

Modalité	**Exercice d'appariement**
Déroulement de l'activité	Individuellement, les apprenants associent les définitions et les mots qui conviennent. (Cette première étape peut être faite à la maison.) Dans un deuxième temps, par groupes de deux, les apprenants sont invités à comparer leurs réponses et à essayer de se convaincre en cas de désaccord.
Corrigé	Site personnel, sorte de journal intime ou de journal de bord en ligne : **Blog** Utilisateur d'Internet : **Internaute** Ensemble de pages sur la toile mondiale : **Internet** Service d'échange et de discussion entre utilisateurs sur un thème donné : **Forum** Chacun peut lire les interventions de tous les autres et intervenir à tout moment : **Tchat** Journal qu'on peut lire tous les jours : **Quotidien** Service qui permet de communiquer en direct avec quelqu'un qui utilise le même programme : **Téléphonie sur IP** Synonyme de revue : **Magazine**

Les apprenants travaillent par groupes de trois ou quatre et s'accordent sur les questions à formuler afin d'obtenir les informations nécessaires pour comparer l'utilisation d'Internet en Europe et dans la classe. Une mise en commun permettra de mutualiser les travaux de groupes pour obtenir une seule liste de questions. Ensuite, par groupes de deux, les apprenants s'interrogent comme dans une enquête de rue et notent les réponses de leurs camarades. Pour finir, les résultats seront mis en commun et les résultats de la classe pourront être comparés avec ceux de l'enquête menée en Europe.

Critères d'évaluation

		Oui	Partiellement	Non
Composante pragmatique	L'objectif principal a été atteint : une enquête a été réalisée.	☐	☐	☐
	Le discours est cohérent.	☐	☐	☐
	Les fonctions langagières utilisées sont pertinentes pour réaliser la tâche :			
	• demander des informations ;	☐	☐	☐
	• donner des informations.	☐	☐	☐
Composante sociolinguistique	Le registre de langue utilisé est en adéquation avec la situation de communication : registre neutre.	☐	☐	☐
	Le rituel d'une enquête est respecté :			
	• salutations ;	☐	☐	☐
	• une série de questions à réponses fermées ou courtes ;	☐	☐	☐
	• remerciements ;	☐	☐	☐
	• prise de congés.	☐	☐	☐
Composante linguistique	La prononciation favorise la compréhension.	☐	☐	☐
	Le lexique nécessaire pour la réalisation de la tâche est utilisé de manière appropriée :			
	• les médias.	☐	☐	☐
	La construction de la phrase interrogative est maîtrisée.	☐	☐	☐
	Les verbes sont conjugués aux temps et personnes qui conviennent pour la réalisation de la tâche :			
	• le présent ;	☐	☐	☐
	• utilisation de la 1re personne du singulier, 2e personnes du singulier et du pluriel et la 3e du pluriel.	☐	☐	☐
	L'orthographe du lexique nécessaire pour la réalisation de la tâche est maîtrisée.	☐	☐	☐

Il convient de communiquer les critères d'évaluation aux apprenants.
L'enseignant pourra s'appuyer sur le modèle ci-dessus pour proposer une grille d'auto-évaluation aux apprenants en la reformulant.

LA MISSION p. 37

→ CRÉER UN JOURNAL DE CLASSE

À NOTER

La mission peut faire l'objet d'une collaboration avec l'enseignant d'arts plastiques, d'informatique et l'enseignant ou l'acteur de la vie scolaire.

Les apprenants s'accordent sur le contenu du journal de la classe (les rubriques, le nombre d'articles par rubrique) et sur la répartition du travail. Par groupes de deux, les apprenants rédigent un ou deux articles. Ensuite, ils cherchent des photos illustrant le ou les article(s) rédigé(s). Pour finir, les productions sont regroupées (si possible, elles seront reproduites ou transmises électroniquement pour que chaque groupe ait un exemplaire de chaque article). Les documents réalisés dans les 3 défis (1. présentation d'un roman ; 2. article de presse/récit ; 3. enquête sur l'utilisation d'Internet) pourront être mis en forme et intégrés au journal. Chaque groupe réalisera la maquette de son journal à partir de l'exemple p. 37 et lui donnera un titre.

Critères d'évaluation

		Oui	Partiellement	Non
Composante pragmatique	L'objectif principal a été atteint : un journal a été créé.	☐	☐	☐
	Les différentes tâches ont été réalisées :			
	• rédaction des articles ;	☐	☐	☐
	• réalisation de la maquette ;	☐	☐	☐
	• choix du titre.	☐	☐	☐
	Le discours est cohérent.	☐	☐	☐
	Les fonctions langagières utilisées sont pertinentes pour réaliser la tâche :			
	• décrire une situation passée ;	☐	☐	☐
	• relater des faits ;	☐	☐	☐
	• exprimer la cause ;	☐	☐	☐
	• exprimer la conséquence ;	☐	☐	☐
	• résumer une information.	☐	☐	☐
Composante sociolinguistique	Le registre de langue utilisé est en adéquation avec la situation de communication : registre neutre.	☐	☐	☐
	Le rituel de présentation d'un journal est respecté :			
	• présence du nom du journal ;	☐	☐	☐
	• présence d'un gros titre et de titres ;	☐	☐	☐
	• présence de chapeaux ;	☐	☐	☐
	• présence de la date ;	☐	☐	☐
	• signature des articles ;	☐	☐	☐
	• disposition des articles ;	☐	☐	☐
	• présence d'illustration.	☐	☐	☐

Composante linguistique	Le lexique nécessaire pour la réalisation de la tâche est utilisé de manière appropriée :			
	• le vocabulaire policier ;	☐	☐	☐
	• le vocabulaire des médias.	☐	☐	☐
	La construction de la phrase affirmative est maîtrisée.	☐	☐	☐
	Les éléments syntaxiques nécessaires pour la réalisation de la tâche sont utilisés de manière appropriée :			
	• l'expression de la cause ;	☐	☐	☐
	• l'expression de la conséquence.	☐	☐	☐
	Les verbes sont conjugués aux temps et personnes qui conviennent pour la réalisation de la tâche :			
	• l'imparfait ;	☐	☐	☐
	• le passé composé des verbes nécessaires pour la réalisation de la tâche ;	☐	☐	☐
	• le passif ;	☐	☐	☐
	• l'utilisation de la 3e personne du singulier et du pluriel.	☐	☐	☐
	L'orthographe du lexique nécessaire pour la réalisation de la tâche est maîtrisée.	☐	☐	☐

Livre de l'élève p. 38

ÉVALUATION : QUIZ

Corrigé

1. Exemples : sport, politique, faits divers, culture
2. Une revue qui parait tous les mois.
3. Exemples : *Mon quotidien, Le petit quotidien, L'Actu*
4. Exemples : Internet, Radio, la télévision
5. Découverte d'un indice sur les lieux du crime par les enquêteurs.
6. Témoignage, surveillance, découverte
7. Le coupable a été arrêté par le détective.
8. Comme
9. Cambriolage d'une bijouterie du centre-ville.
10. C'est pour ça que
11. Exemple : *Sans nom, ni blason ; Mort sur le net ; Disparu, Le combat d'hiver, Sans issue*
12. Indices
13. Arrêter
14. Passe ton tour !
15. Exemples : consulter des blogs, écouter des webradios, jouer aux jeux vidéo en ligne, tenir un blog, utiliser la messagerie instantanée, utiliser la téléphonie sur IP, participer à un forum.
16. Exemples : valise, vélo, ville, rendez-vous
17. Suspect
18. Un résumé sous le titre.
19. Une activité faite en dehors du temps d'école : sport, cinéma, jeux…

20. Passe ton tour !
21. Exemples : femme, fouille, fort
22. La dernière couverture d'un livre sur laquelle on peut lire une présentation de l'histoire.
23. Un journal qui paraît tous les jours.

Cahier d'exercices **p. 55-56**

PRÉPARATION AU DELF

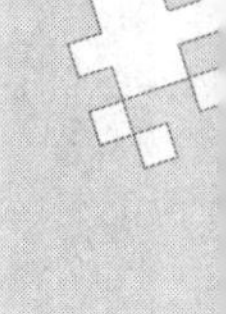

PRODUCTION ORALE — 25 POINTS

GRILLES D'ÉVALUATION

A. Entretien dirigé p. 55 (2 minutes environ)

Peut répondre et réagir à des questions simples. Peut gérer une interaction simple.	0	0.5	1	1.5	2	2.5	3	3.5	4

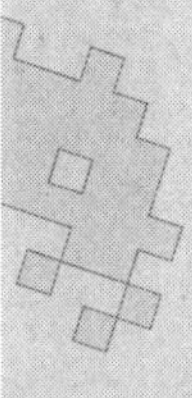

B. Monologue suivi p. 55 (3 minutes environ)

Peut présenter de manière simple un événement, une activité, un projet, un lieu, etc. liés à un contexte familier.	0	0.5	1	1.5	2	2.5	3
Peut relier entre elles les informations apportées de manière simple et claire.	0	0.5	1	1.5	2		

C. Exercice en interaction p. 56 (3 minutes environ)

Peut demander et donner des informations simples dans des transactions simples de la vie quotidienne. Peut faire, accepter ou refuser des propositions.	0	0.5	1	1.5	2	2.5	3	3.5	4
Peut entrer dans des relations sociales simplement mais efficacement, en utilisant les expressions courantes et en suivant les usages de base.	0	0.5	1	1.5	2	2.5	3		

POUR L'ENSEMBLE DES 3 PARTIES DE L'ÉPREUVE

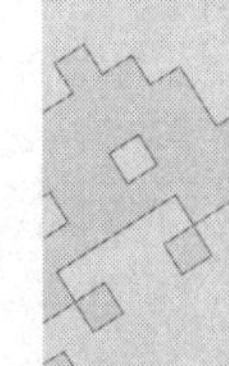

Lexique (étendue) / correction lexicale Peut utiliser un répertoire limité mais adéquat pour gérer des situations courantes de la vie quotidienne.	0	0.5	1	1.5	2	2.5	3
Morphosyntaxe / correction grammaticale Peut utiliser des structures et des formes grammaticales simples. Le sens général reste clair malgré la présence systématique d'erreurs élémentaires.	0	0.5	1	1.5	2	2.5	3
Maitrise du système phonologique Peut s'exprimer de façon suffisamment claire. L'interlocuteur devra parfois faire répéter.	0	0.5	1	1.5	2	2.5	3

1 Pour compléter le dialogue ci-dessous, j'utilise des expressions de cause *(puisque, comme, grâce à, à cause de)* et des expressions de conséquence *(alors, du coup)*. **/4 points**

Une histoire d'amour

– ______ tu as été témoin de la bagarre, pourquoi tu n'as rien dit ?

– ______ du directeur : c'est interdit de se battre à l'internat.

– Tu es sûr que c'est pour ça ?

– ______ je vous le dis, c'est que c'est vrai !

– Tu m'as menti une fois, pourquoi je te croirais ?

– Je ne pouvais pas vous parler devant le directeur !

– Ok, ok, j'ai compris. Maintenant tu peux parler. Je t'écoute, qu'est-ce qui s'est passé ce soir-là ?

– Bah, Timour a rencontré Elsa _____ Paul. Mais Paul était amoureux d'Elsa, _____ quand il a compris qu'Elsa préférait Timour, il est devenu fou. Ils se sont d'abord disputés, puis, ils se sont battus. Ça devenait sérieux ______ , je les ai séparés. Après, on est tous allés se coucher. Le lendemain, ______ vous le savez, on a découvert que Paul était parti.

– Tu ne sais pas où il a pu aller ?

– Non !

– Bien, je te remercie, tu peux retourner à l'internat.

2 Pour compléter le texte ci-dessous, j'utilise les verbes entre parenthèses et je les conjugue au temps qui convient. **/5 points**

Drôle de dimanche

Il ______ (faire) beau dimanche alors nous _______ (aller) pique-niquer au bord du lac. Les enfants _______ (faire) une cabane. Il n'y ______ (avoir) pas beaucoup de monde, juste une autre famille. L'homme et la femme lisaient et les enfants ______ (jouer) au ballon. Notre chien ______ (être) très nerveux. Soudain, le vent s'______ (lever) et la terre ______ (trembler) : la cabane _______ (détruire) et le ballon ______ (emporter) mais, heureusement, rien de grave !

3 Pour compléter le texte ci-dessous, j'utilise « f » ou « v ». **/6 points**

Rendez-__ous à neu__ heures de__ant la __erme pour sur__eiller la __emme du suspect. Nous la sui__rons à __élo à tra__ers la __ille pour trou__er des preu__es de sa culpabilité.

4 Pour transformer ces informations en titres de journaux, je nominalise les verbes. **/6 points**

1. Une valise abandonnée a été détruite à la gare Montparnasse.
2. Une moto a été volée devant le commissariat de police.
3. Un supermarché a été cambriolé à Brest.
4. Un sac de bijou a été découvert dans une poubelle.
5. Les pirates informatiques ont été arrêtés.

Total : ____/ 20 points

UNITÉ 4

VOTRE MISSION

→ ORGANISER UNE JOURNÉE POUR LA DÉFENSE DES DROITS DES ADOLESCENTS .... p. 39

<table>
<tr><td rowspan="5">Compétences nécessaires pour la réalisation des micro-tâches et de la tâche</td><th colspan="2">Objectifs pragmatiques</th><th>Objectifs sociolinguistiques et interculturels</th></tr>
<tr><td colspan="2">• Exprimer un droit
• Exprimer une obligation ou un devoir
• Exprimer une possibilité
• Faire une mise en garde
• Faire une recommandation</td><td>• Utiliser le registre amical, neutre, formel
• Respecter le rituel de l'interaction dans les échanges :
▪ rituel de politesse
▪ tours de paroles
• Respecter le rituel de présentation d'une affiche, d'une page de site internet, d'une émission de radio
• Adopter un comportement ouvert pour être à l'écoute des autres et découvrir la France multiculturelle</td></tr>
<tr><th colspan="3">Outils langagiers à acquérir</th></tr>
<tr><th>Grammaire</th><th>Lexique</th><th>Phonétique</th></tr>
<tr><td>• (avoir le) droit à + nom
• (avoir le) droit de + infinitif
• devoir + infinitif
• Il (ne) faut (pas) que + subjonctif
• Il (ne) faut (pas) + infinitif
• Faire attention / veiller / attention à + nom
• Faire attention / veiller / attention à + infinitif
• Avoir (juste) à + infinitif
• Pouvoir + infinitif
• Le subjonctif des verbes en -er
• La phrase à la forme négative</td><td>• Les droits des enfants
• L'engagement
• L'alimentation</td><td>• Les groupes consonantiques
• Les liaisons</td></tr>
</table>

JE DÉCOUVRE LA MISSION

 **Livre de l'élève p. 39**

16 Ce document sonore a pour objectif de plonger les apprenants dans l'univers de l'adolescence dans lequel ils vont évoluer pendant l'unité et de les mettre sur la voie de la tâche qu'ils auront à accomplir : *Organiser une journée pour la défense des droits des adolescents.*

Cahier d'exercices p. 57

Inviter les élèves à noter les indices trouvés dans le cadre.
Indices sonores : bruits de manifestation, cris de foule, slogans.

 **Livre de l'élève p. 39**

Les apprenants prennent leur livre p. 39 afin d'observer la photo pour repérer les indices visuels qui vont leur permettre de valider les réponses faites précédemment.
Indices visuels : Des jeunes portant des pancartes sur lesquelles sont inscrits des slogans qui font écho aux droits des jeunes et sont dessinés des symboles de la paix. Ils sont de toute évidence en train de manifester pour défendre les droits des jeunes à s'exprimer en faveur de la paix.

JE PRÉPARE LA MISSION

Cahier d'exercices p. 57

Qu'est-ce que je sais faire ?	Qu'est-ce que je vais apprendre ?
• Exprimer l'obligation (niveau 1, unité 4 ; niveau 2, unité 4) • Exprimer la possibilité (niveau 2, unité 4)	• Exprimer un droit • Exprimer une obligation ou un devoir • Exprimer une possibilité • Faire une mise en garde • Faire une recommandation

1ER DÉFI : JE RÉDIGE LA CHARTE DES DROITS ET DES DEVOIRS DES ADOLESCENTS

À NOTER

Le 1er défi peut faire l'objet d'une collaboration avec le professeur d'éducation civique, d'histoire-géographie.

JE COMPRENDS

 **Livre de l'élève p. 40**

→ Anticipation

Réponses possibles pour l'illustration ①

1. Une affiche, un tract.
2. À des jeunes, des adolescents, des utilisateurs de rollers, des jeunes de plus de 12 ans accompagnés d'un adulte.
3. Des droits des utilisateurs de rollers ou de vélos, des droits des jeunes.

Réponses possibles pour l'illustration ②

1. Dans un studio d'enregistrement, dans un studio de radio.
2. Deux jeunes chanteuses, une animatrice de radio et une invitée.
3. Elles enregistrent une chanson, une interview, une émission de radio.

→ Compréhension globale

Réponses attendues pour l'illustration ①

1. Une affiche.
2. À des jeunes qui peuvent circuler en rollers ou à vélo et peuvent être accompagnés d'un adulte.
3. D'une randonnée en rollers ou à vélo pour défendre les droits des jeunes.

Réponses attendues pour l'illustration ②

1. Un studio de radio.
2. L'animatrice de l'émission « Yaka, Taka » et une enseignante militante pour le droit des enfants, Sylvie Garnier.
3. Elles enregistrent l'émission de radio « Yaka, Taka ».

Cahier d'exercices p. 58

→ Compréhension détaillée

La tâche de réception à réaliser est une participation à un forum : les apprenants observent, lisent et écoutent les documents de la p. 40 du livre afin de prendre des notes qui leur permettront de répondre aux questions de Pilou.

Éléments de correction

Pilou	Bonjour à tous, J'aimerais participer à la défense des droits des enfants mais je ne sais pas comment faire. J'ai entendu parler de la « défenseure des droits des enfants » mais je n'ai pas bien compris. Est-ce que quelqu'un peut m'aider ? Merci Pilou
Moi	La Défenseure des droits des enfants est une institution de l'État. Elle doit veiller au respect de la convention des droits de l'enfant. Elle a trois missions : elle doit recevoir les plaintes, faire des propositions de loi et faire connaître les droits de l'enfant. Pour défendre tes droits, tu as juste à t'inscrire dans le club Unicef jeunes de ton collège. Et s'il n'y en a pas, tu peux proposer à un professeur de contacter le comité Unicef de ton département pour en créer un. Si tu veux en savoir plus, tu peux consulter le site de l'Unicef : www.unicef.fr.
Pilou	Merci ! J'ai encore une question : pour toi, quels sont les 5 droits des enfants les plus importants ? Pourquoi ?

Moi	(Réponse personnelle dans laquelle doivent apparaître 5 droits des enfants sélectionnés parmi ceux cités dans l'affiche de la p. 40 du livre de l'élève et la justification du choix.) Le droit à l'égalité pour chaque enfant : quels que soient son sexe, son origine ou celle de ses parents. Le droit à une justice adaptée à son âge lorsqu'il commet une infraction. Le droit de vivre en famille. Le droit au meilleur état de santé possible. Le droit pour l'enfant handicapé d'être aidé à vivre avec les autres et à être le plus autonome possible. Le droit de s'exprimer et d'être entendu sur les questions qui le concernent. Le droit de ne pas être exploité. Le droit d'être protégé en priorité en temps de guerre et de ne pas devenir soldat. Le droit d'avoir une identité : un nom, un prénom, une nationalité. Le droit à l'éducation et aux loisirs. Le droit à la protection de sa vie privée. Le droit d'être protégé contre toutes les formes de violence adulte.

JE DÉCOUVRE LA LANGUE

Livre de l'élève p. 41

Exemple	Que fait le personnage ?	Quelle structure il utilise ?
« Monsieur, il faut créer un club Unicef ! »	Il exprime un devoir.	**Il faut** + infinitif

Cahier d'exercices p. 59

Transcription

Doc 2 p. 40

L'ANIMATRICE RADIO : Bonjour à tous ! Bienvenue dans « Yaka, Taka ! ». Notre émission d'aujourd'hui est consacrée à la Défenseure des droits des enfants. Pour en parler, nous recevons une enseignante militante : Sylvie Garnier. Bonjour Sylvie ! Alors, c'est quoi la Défenseure des droits des enfants ?

SYLVIE GARNIER : C'est une institution de l'État. Elle doit veiller au respect de la convention des droits de l'enfant. Elle a trois missions : elle doit recevoir les plaintes, faire des propositions de loi et faire connaître les droits de l'enfant.

L'ANIMATRICE RADIO : Et nos auditeurs, qu'est-ce qu'ils peuvent faire pour défendre leurs droits ?

SYLVIE GARNIER : Pour défendre vos droits, chers auditeurs, vous avez juste à vous inscrire dans le club Unicef jeunes de votre collège. Et s'il n'y en a pas, vous pouvez proposer à un professeur de contacter le comité Unicef de votre département pour en créer un.

L'ANIMATRICE RADIO : Et voilà, c'est simple : « Il faut juste créer un club » ! Et si tu veux en savoir plus, tu peux consulter le site de l'Unicef : www.unicef.fr. « Yaka, Taka » se termine, à très bientôt pour une prochaine émission !

→ Repérage

	Doc. 1	Doc. 2
exprimer un droit	• Le droit à l'égalité pour chaque enfant • Le droit d'avoir une identité • Le droit à l'éducation et aux loisirs • Le droit à la protection de sa vie privée • Le droit d'être protégé contre toutes les formes de violence • Le droit à une justice adaptée à son âge • Le droit de vivre en famille • Le droit au meilleur état de santé possible • Le droit pour l'enfant handicapé d'être aidé à vivre avec les autres • Le droit de s'exprimer • Le droit de ne pas être exploité • Le droit d'être protégé en priorité en temps de guerre	
exprimer une obligation ou un devoir	• Tout mineur doit être accompagné d'un adulte	• Elle doit veiller au respect de la convention des droits de l'enfant • Elle doit recevoir les plaintes, faire des propositions de loi et faire connaître les droits de l'enfant • vous avez juste à vous inscrire dans le club • « Il faut juste créer un club » !
exprimer une possibilité		• Et nos auditeurs, qu'est-ce qu'ils peuvent faire pour défendre leurs droits ? • vous pouvez proposer à un professeur de contacter le comité Unicef de votre département pour en créer un • tu peux consulter le site de l'Unicef : www.unicef.fr

→ Conceptualisation

Pour…	Je peux utiliser :	Je connais aussi :
exprimer un droit	• **Le droit de** + infinitif • **Le droit à** + nom	
exprimer une obligation ou un devoir	• **Devoir** + infinitif • **Avoir (juste) à** + infinitif • **Il faut** + infinitif	• **Devoir** + infinitif (niveau 2, unité 4) • **Il faut** + infinitif (niveau 2, unité 4)
exprimer une possibilité	• **Pouvoir** + infinitif	• **Pouvoir** + infinitif (niveau 2, unité 4) • **Avoir le droit/la possibilité de** + infinitif (niveau 2, unité 4)

Livre de l'élève p. 41

5 Pour mémoriser les droits des enfants

Modalité (cf. typologie)	**mémo**
But de l'activité	Lister les droits des enfants
Objectif pragmatique	Exprimer un droit
Objectif sociolinguistique et socioculturel	Utiliser le registre neutre
Outils langagiers	• **Le droit de** + infinitif • **Le droit à** + nom
Exemple d'échange	Non pertinent
Déroulement de l'activité	Par groupe de trois, les apprenants observent l'affiche p. 40 pendant 3 minutes. Ensuite, ils ferment le livre. Chaque apprenant fait la liste des droits qu'il a mémorisés. Puis, ils mettent leur liste en commun pour obtenir une seule liste qu'ils comparent avec l'affiche. Chaque droit bien retrouvé et bien formulé fait marquer 1 point à l'équipe.

Phonétique

Modalité (cf. typologie)	**Exercice de production**
Déroulement de l'activité	Les apprenants travaillent par groupes de deux. L'apprenant A lance le dé pour tirer au sort les consonnes. L'apprenant B lance le dé pour tirer au sort la voyelle. Les apprenants A et B forment une syllabe et chacun propose un mot avec cette syllabe.
Exemples de propositions possibles	CR → critique, discrimination, massacre, s'inscrire, secrétariat, accrobranche, crabe, créer, micro TR → électricité, disparaître, entraide, excentrique, maltraité, nutritionniste, trou, enregistrer, entreprise, métro BR → rubrique, sans-abri, bricoler, brochure, sans-abri, célèbre, équilibrer CL → article, déclarer, clou, recyclage, siècle, clé, climat, classe PL → expliquer, ample, couple, déplacer, explorer, place, plastique, remplir BL → responsable, assemblée, blason, coupable, potable, bibliothèque, établissement, meuble, rassembler + noms propres

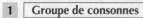

Cahier d'exercices p. 61-64

1 Groupe de consonnes p. 61

Modalité (cf. typologie)	**Exercice de répétition**
Déroulement de l'activité	Lors de la première écoute, les apprenants se familiarisent avec le corpus. Lors de la deuxième écoute les apprenants repèrent sur la transcription les lettres barrées et les enchaînements. Ensuite, par groupes de deux, les apprenants lisent les phrases sans prononcer les lettres barrées et en faisant les enchaînements indiqués.

Corrigé	Il faut connaître ses droits pour les faire respecter. Il faut se protéger contre toute forme de violence. On a le droit de protéger sa vie privée sur Internet. On a le droit de vivre en famille. On est obligé de respecter la charte quand on l'a signée. On est obligé de réparer un incident quand on en est responsable. Il est interdit d'insulter les autres. Il est interdit de tricher aux examens.

2 Dictée phonétique : les groupes consonantiques **p. 61**

17

Modalité (cf. typologie)	Exercice phonie-graphie
Déroulement de l'activité	Lors de la première écoute, les apprenants se familiarisent avec le corpus. Lors de la deuxième écoute, individuellement, les apprenants complètent les mots avec le groupe consonantique entendu. Ensuite, par groupes de deux, les apprenants sont invités à comparer leurs réponses et à essayer de se convaincre en cas de désaccord. Une troisième écoute permettra de valider les réponses obtenues. Lors de la 3e écoute, après chaque énoncé, les apprenants répètent les phrases entendues.
Corrigé	1. Défen**dr**e le **dr**oit des enfants. – 2. La **pr**otection de la vie **pr**ivée. – 3. Le **pr**ogramme de la journée. – 4. Commettre une in**fr**action. – 5. Vi**vr**e avec les autres. – 6. Ré**fl**échir pour éviter les con**fl**its.

3 Vocajeu **p. 61**

Modalité (cf. typologie)	La criée
Déroulement de l'activité	Pour jouer au vocajeu, chaque apprenant écrit secrètement 5 mots de vocabulaire du défi sur des petits papiers et lit la règle du jeu. Règle du jeu : • On forme des équipes de deux personnes au moins. • On regroupe les papiers au centre. • À tour de rôle, un joueur de chaque équipe a 30 secondes pour piocher des papiers et définir les mots pour les faire deviner à son ou ses coéquipier(s). Il peut passer s'il le souhaite. • Lorsqu'un mot est découvert, l'équipe qui le découvre garde le papier. • Ensuite, on refait un tour et ainsi de suite. • Le jeu s'arrête quand tous les mots ont été découverts. • On compte alors le nombre de papiers de chaque équipe. • L'équipe qui compte le plus de papiers a gagné.

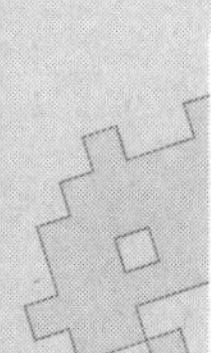
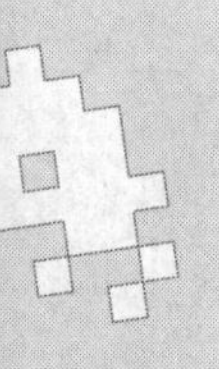
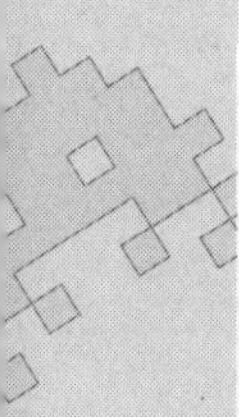

Éléments de correction	**Parler des droits des enfants :** la santé, l'éducation, l'égalité, la justice, la loi, le respect, la protection, être protégé(e), l'exploitation, être exploité(e), le handicap, être handicapé(e), la violence, une infraction soigner, être soigné(e), la prévention, faire une campagne de prévention. **Parler de l'engagement :** être engagé(e), s'engager, témoigner, un témoignage, défendre ses droits / un(e) défenseur(e), militer, un militant, se mobiliser. **Parler de l'alimentation :** un repas équilibré, un encas, le petit déjeuner, le déjeuner, le dîner, le goûter, une boisson, un produit laitier (du lait, un yaourt, du fromage), un jus de fruits ; des céréales, l'énergie, le calcium, les protéines, les vitamines, la digestion.

4 Droits et devoirs p. 62

Modalité (cf. typologie)	Exercice d'appariement
Déroulement de l'activité	Individuellement, les apprenants relient le droit et le devoir qui correspondent. (Cette première étape peut être réalisée en devoir à la maison.) Ensuite, par groupes de deux, les apprenants sont invités à comparer leurs réponses et à essayer de se convaincre en cas de désaccord.
Corrigé	1. J'ai le droit d'aller à l'école. ➔ f. Je dois faire mes devoirs. 2. J'ai le droit d'être nourri et logé. ➔ b. Je ne dois pas gaspiller la nourriture. 3. J'ai le droit de vivre en famille. ➔ d. Je dois suivre des règles de vie commune. 4. J'ai le droit de m'exprimer. ➔ h. Je dois écouter les autres. 5. J'ai le droit aux secours. ➔ c. Je dois appeler les secours si quelqu'un est en danger. 6. J'ai le droit à la protection contre les mauvais traitements. ➔ a. Je dois informer un adulte si quelqu'un est maltraité. 7. J'ai le droit au bien-être. ➔ e. Je dois protéger la nature. 8. J'ai le droit au respect de ma vie privée. ➔ g. Je dois respecter la vie privée des autres.

5 Le droits des enfants p. 62

Modalité (cf. typologie)	Question-réponse
But de l'activité	Simuler un échange pour obtenir une confirmation
Objectifs pragmatiques	• Exprimer un droit • Demander confirmation • **Confirmer / infirmer**
Objectifs sociolinguistiques et socioculturels	• Utiliser le registre neutre • Respecter le rituel de l'interaction : les tours de paroles.
Outils langagiers	• **Le droit à** + non • **Le droit de** + infinitif • **Oui, c'est ça ! / Non, ce n'est pas ça !**

Exemple d'échange	*– Le droit à une justice adaptée, c'est le droit d'être jugé en fonction de son âge ?* *– Oui, c'est ça !*
Déroulement de l'activité	Individuellement les apprenants relient les droits qui ont le même sens. Ensuite, par deux, ils simulent un échange pour obtenir une confirmation. L'apprenant A interroge l'apprenant B comme dans l'exemple. Pour répondre, l'apprenant B confirme s'il est d'accord avec l'apprenant A ou infirme s'il n'est pas d'accord. Il formule la réponse comme dans l'exemple. On inverse ensuite les rôles. L'enseignant pourra intervenir en cas de litige pour inviter les apprenants à vérifier auprès d'autres camarades ou à consulter des documents de références (livre, cahier…).

6 **Le savoir vivre en classe** **p. 63**

Modalité (cf. typologie)	Exercice lacunaire
Déroulement de l'activité	Individuellement, les apprenants complètent le texte avec « Il faut » ou « Il ne faut pas ». (Cette première étape peut être réalisée en devoir à la maison.) Ensuite, par groupes de deux, les apprenants sont invités à comparer leurs réponses et à essayer de se convaincre en cas de désaccord.
Corrigé	1. Pour rentrer en cours calmement, **il faut** se mettre en rang à côté de la salle de cours. 2. Pour être à l'aise pour travailler, **il ne faut pas** garder son manteau. 3. Pour avoir une attitude correcte, **il ne faut pas** se balancer sur sa chaise. 4. Pour faciliter la communication dans la classe, **il faut** lever le doigt avant de prendre la parole. 5. Pour respecter les autres, **il faut** utiliser un langage correct pour se parler. 6. Pour faciliter l'apprentissage des leçons, **il faut** bien tenir ses cahiers de cours. 7. Pour ne pas perturber le cours, **il faut** éteindre son baladeur et son portable. 8. Pour pouvoir s'exprimer correctement, **il ne faut pas** manger de chewing-gum en cours. 9. Pour avoir une classe propre et pour respecter le travail des agents de service, **il faut** mettre les papiers à la poubelle.

7 **Vous, les adultes** **p. 63**

Modalité (cf. typologie)	Pioche !
But de l'activité	Simuler un échange pour faire des reproches aux adultes
Objectifs pragmatiques	• Accuser • Exprimer une obligation • Exprimer son accord

Objectifs sociolinguistiques et socioculturels	• Utiliser le registre formel • Respecter le rituel de l'interaction : les tours de paroles.
Outils langagiers	• Pronom tonique • **Avoir + qqc + à** + infinitif
Exemple d'échange	*– Vous, les adultes, vous avez toujours du travail à faire !* *– Tu as raison, on a toujours du travail à faire !*
Déroulement de l'activité	Par deux, les apprenants font une série de fiches numérotées de 1 à 8. Ils simulent un échange pour faire un reproche avec l'élément tiré au sort. L'apprenant A fait un reproche à l'apprenant B comme dans l'exemple. L'apprenant B réagit comme dans l'exemple. On inverse ensuite les rôles. L'enseignant pourra intervenir en cas de litige pour inviter les apprenants à vérifier auprès d'autres camarades ou à consulter des documents de références (livre, cahier…).

8 Vous, les jeunes **p. 64**

Modalité (cf. typologie)	**Les dés sont jetés**
But de l'activité	Simuler un échange pour parler de ses devoirs
Objectifs pragmatiques	• Exprimer un devoir • Exprimer son accord
Objectifs sociolinguistiques et socioculturels	• Utiliser le registre formel • Respecter le rituel de l'interaction : les tours de paroles.
Outils langagiers	• **Devoir** + infinitif • **Avoir + qqc + à** + infinitif
Exemple d'échange	*– Nous devons défendre nos droits !* *– Tu as raison, nous avons nos droits à défendre !*
Déroulement de l'activité	Par deux, les apprenants simulent un échange pour parler de leurs devoirs avec l'élément déterminé par le lancer du dé. L'apprenant A parle de ses devoirs à l'apprenant B comme dans l'exemple. L'apprenant B réagit comme dans l'exemple. On inverse ensuite les rôles. L'enseignant pourra intervenir en cas de litige pour inviter les apprenants à vérifier auprès d'autres camarades ou à consulter des documents de références (livre, cahier…).

9 Visite de l'internat **p. 64**

Modalité (cf. typologie)	**Exercice lacunaire**
Déroulement de l'activité	Individuellement, les apprenants complètent le texte avec les éléments proposés. (Cette première étape peut être réalisée en devoir à la maison.) Ensuite, par groupes de deux, les apprenants sont invités à comparer leurs réponses et à essayer de se convaincre en cas de désaccord.

Corrigé	« Bonjour à tous et bienvenus à l'internat ! Je suis Madame Quéré, votre conseillère principale d'éducation. Tout d'abord, un petit point sur le règlement que vous **avez** à respecter. Pour vivre à l'internat, il **faut** respecter des règles. Le matin, vous **devez** vous lever à 7 heures, vous doucher, faire votre lit et ranger vos affaires. Vous **pouvez** prendre votre petit-déjeuner à partir de 7 h 40. À 8 h 25 vous **devez** être prêts pour aller en cours. Le soir, vous **pouvez** rejoindre vos chambres à partir de 17 h 45. Le soir, le self est ouvert entre 18 h 45 et 19 h 30. L'étude **est obligatoire** pour tous entre 19 h 30 et 20 h 30. Il **faut** donc respecter le silence et éteindre les téléphones portables. Entre 20 h 00 et 21 h 45, vous **avez le droit** de regarder la télévision ou d'aller au foyer. À 22 h, vous **devez** être dans vos chambres. Vous **avez le droit** de lire avec vos lampes jusqu'à 22 h 30. À 22 h 30, les lumières doivent être éteintes. »

JE PASSE À L'ACTION

Livre de l'élève p. 41

6 Pour faire la Charte des droits et devoirs des adolescents

Les apprenants font un remue-méninges par groupes de 4/5 pour faire un inventaire des droits et des devoirs des adolescents. Ils décident le nombre d'articles que comprendra la charte et se répartissent le travail. Individuellement, ils rédigent trois articles sur 3 thématiques différentes. Pour finir, ils regrouperont leur production pour obtenir une charte.

Critères d'évaluation

		Oui	Partiellement	Non
Composante pragmatique	L'objectif principal a été atteint : une charte a été rédigée.	☐	☐	☐
	Le discours est cohérent.	☐	☐	☐
	Les fonctions langagières utilisées sont pertinentes pour réaliser la tâche :			
	• exprimer un droit ;	☐	☐	☐
	• exprimer un devoir.	☐	☐	☐
Composante sociolinguistique	Le registre de langue utilisé est en adéquation avec la situation de communication.	☐	☐	☐
	Le rituel de présentation d'une charte est respecté :			
	• présence d'un titre ;	☐	☐	☐
	• présence de plusieurs articles.	☐	☐	☐

Composante linguistique	Le lexique nécessaire pour la réalisation de la tâche est utilisé de manière appropriée :			
	• les droits des enfants ;	☐	☐	☐
	• l'engagement.	☐	☐	☐
	Les structures nécessaires pour la réalisation de la tâche sont utilisées de manière appropriée :			
	• (avoir le) droit à + nom ;	☐	☐	☐
	• (avoir le) droit de + infinitif ;	☐	☐	☐
	• avoir à + infinitif ;	☐	☐	☐
	• devoir + infinitif ;	☐	☐	☐
	• il faut + infinitif.	☐	☐	☐
	Les éléments syntaxiques nécessaires pour la réalisation de la tâche sont maîtrisés :			
	• les expressions du droit ;	☐	☐	☐
	• les expressions du devoir.	☐	☐	☐
	Les verbes sont conjugués aux temps et aux personnes qui conviennent pour la réalisation de la tâche.	☐	☐	☐
	L'orthographe du lexique nécessaire pour la réalisation de la tâche est maîtrisée.	☐	☐	☐

2ᴱ DÉFI : JE FAIS UNE CAMPAGNE DE PRÉVENTION

À NOTER

Le 2e défi peut faire l'objet d'une collaboration avec le professeur ou l'acteur de la vie scolaire, le professeur d'arts plastiques et le professeur d'informatique.

JE COMPRENDS

Livre de l'élève p. 42

→ Anticipation

Réponses possibles pour l'illustration du document ①

1. Une page internet, un page de magazine.
2. À des jeunes, à des personnes qui font un régime.
3. D'alimentation.

Réponses possibles pour l'illustration du document ②

1. Dans un studio de radio, dans un studio d'enregistrement.
2. Deux jeunes filles.
3. Il chante, il anime une émission de radio.

→ Compréhension globale

Réponses attendues pour l'illustration du document ①

1. La page santé d'un site internet d'actualité.
2. À des jeunes, lycéens et étudiants, qui passent des examens.
3. D'alimentation.

Réponses attendues pour l'illustration du document ②

1. Dans un studio de radio.
2. Deux jeunes filles.
3. Il anime une émission de radio.

Cahier d'exercices p. 65

→ Compréhension détaillée

Pour réaliser la tâche de réception, les apprenants devront relever les informations contenues dans les documents et sélectionner celles qui leur seront nécessaires.

Les apprenants seront d'abord invités à identifier dans le document 1 puis dans le document 2 de la p. 42 du livre, les aliments qui sont conseillés pour être en forme pendant les examens. Ensuite, au vu des informations retenues, ils cocheront les aliments illustrés p. 65 du cahier qu'il est conseillé de consommer pour être en forme pendant les examens.

Corrigé

Les éléments à cocher : la confiture, le jus d'orange, des fruits, du pain, des céréales, du lait, du beurre, du café, du thé.

JE DÉCOUVRE LA LANGUE

Livre de l'élève p. 43

Exemple	Que fait le personnage ?	Quelle structure il utilise ?
« Fais attention à ne pas manger trop gras. »	Il fait une mise en garde.	**Faire attention** à l'impératif + **à** + (**ne pas**) infinitif

Cahier d'exercices p. 66

Transcription

Doc 2 p. 42

L'ANIMATEUR RADIO : On continue avec une question de Ludo : « Comment être en forme pour les examens ? » Eh bien, cher Ludo pour être en forme pour les examens, je te recommande de bien dormir et de manger équilibré.
Pour commencer la journée, prends un bon petit déjeuner avec une boisson pour te réhydrater, du pain beurré ou des céréales pour l'énergie, un produit laitier (du lait, un yaourt ou du fromage) pour le calcium et les protéines, un fruit entier ou un jus pour les vitamines. Le petit déjeuner, c'est un repas très important pour rester en forme toute la journée, ne le saute pas ! Pour le déjeuner et le dîner, il ne faut pas que tu manges n'importe quoi, fais attention à varier ton alimentation ! Les nutritionnistes recommandent de prendre 3 vrais repas par jour. Mais attention, ne les prends pas trop rapidement !

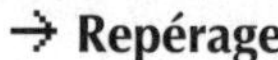

→ Repérage

	Doc. 1	Doc. 2
exprimer une obligation ou un devoir	• il ne faut surtout pas que vous sautiez ce repas • Pour prendre un bon départ, il faut d'abord prendre un petit déjeuner complet • Il faut que vous mangiez de tout	• il ne faut pas que tu manges n'importe quoi
faire une mise en garde	• Veillez à mettre toutes les chances de votre côté • Attention, il ne faut surtout pas que vous sautiez ce repas ! • Veillez aussi à consommer un fruit riche en vitamines C • Faites attention aux repas trop lourds • attention au coup de fatigue en plein après-midi !	• fais attention à varier ton alimentation ! • attention, ne les prends pas trop rapidement
faire une recommandation	• il est recommandé d'avoir une alimentation équilibrée • Le petit déjeuner, ne le sautez pas ! • il est recommandé de faire un bon petit déjeuner • Le déjeuner et le dîner, ne les oubliez pas ! • Le goûter, ne le ratez pas ! • Pour éviter une baisse de la concentration, prenez un encas !	• Je te recommande de bien dormir et de manger équilibré • Pour commencer la journée, prends un bon petit déjeuner • Le petit déjeuner … ne le saute pas ! • Les nutritionnistes recommandent de prendre 3 vrais repas par jour

→ Conceptualisation

Pour…	Je peux utiliser :	Je connais aussi :
exprimer une obligation ou un devoir	• **Il (ne) faut (pas) que** + subjonctif • **Il (ne) faut (pas)** + infinitif	• **Il faut + infinitif** (niveau 2, unité 4)
faire une mise en garde	• **Veiller à** + infinitif • **Attention** • **Attention à** + nom • **Faire attention à** + nom • **Faire attention à** + infinitif	
faire une recommandation	• **Il est recommandé de** + infinitif • **Ne** + pronom + verbe à l'impératif + **pas** • L'impératif • Sujet (+ pronom) + **recommander** au présent + **de** + infinitif	• L'impératif (niveau 2, unité 1)

JE M'ENTRAÎNE

Livre de l'élève p. 43

5 Pour être en forme pour les examens

Modalité (cf. typologie)	**Question - réponse**
But de l'activité	Simuler un échange sur les aliments à consommer avant les examens
Objectifs pragmatiques	• Demander une information • Faire une recommandation
Objectifs sociolinguistiques et socioculturels	• Utiliser le registre amical ▪ interrogation avec l'intonation • Respecter le rituel de l'interaction : les tours de parole
Outils langagiers	• **C'est / Ce n'est pas recommandé** • Lexique de l'alimentation • Intonations interrogative et exclamative
Exemple d'échange	– *Est-ce que le voleur avait les yeux bleus ?* – *Non !*
Déroulement de l'activité	Les apprenants travaillent par groupes de deux. Chacun écrit un aliment sur un papier. Avec l'aliment inscrit sur son papier, l'apprenant A interroge son camarade comme dans l'exemple. Ensuite, on inverse les rôles et on fait circuler les papiers. L'activité se poursuit pendant 10 minutes environ.

Phonétique

Modalité (cf. typologie)	**Exercice de répétition**
Objectif	Les liaisons obligatoires
Déroulement de l'activité	Lors de la première écoute, les apprenants se familiarisent avec le corpus. Lors de la deuxième écoute les apprenants repèrent les liaisons sur la transcription. Ensuite, lors de la troisième écoute, par groupes de deux, après chaque énoncé, les apprenants lisent les phrases en faisant les liaisons indiquées.
Corrigé	1. Tu veux des‿oranges ? 2. Fais attention aux‿aliments gras ! 3. Vous‿avez intérêt à prendre un‿en-cas dans l'après-midi. 4. Le repas du matin est très‿important. 5. Quand‿on‿a quatorze‿ans, on‿a besoin de vitamines pour être en forme. 6. De temps‿en temps, on peut se faire plaisir avec un petit‿écart, si c'est sans‿excès.

À noter	À ce niveau, les apprenants connaissent déjà les liaisons avec les lettres <s, x, d, n>. Il s'agit ici de leur proposer des exemples de liaisons obligatoires : dans un groupe nominal, entre un article et le nom qui le suit (« des oranges », « aux aliments », « un en-cas ») ou entre un adjectif et le nom (« petit écart »), entre le pronom et le verbe (« vous avez », « on a »), après « sans » et « très », et dans les expressions figées (« de temps en temps », « quand on »).

Cahier d'exercices p. 68-71

1 Liaisons obligatoires, liaisons interdites, découverte p. 68

Modalité	Exercice de reconnaissance
Déroulement de l'activité	Lors de la première écoute, les apprenants se familiarisent avec le corpus. Lors de la deuxième écoute les apprenants identifient les liaisons. Puis, par groupes, les apprenants observent les phrases pour faire individuellement des hypothèses sur les liaisons obligatoires et interdites. Ensuite, par groupes de deux, les apprenants sont invités à comparer leurs réponses et à essayer de se convaincre en cas de désaccord.
Corrigé	1. Ils‿ont changé leurs‿habitudes avant les‿examens. 2. Nous‿avons pris un‿encas à 16 heures. 3. Célia et Annissa sont‿allées au parc après les révisions. 4. Les‿élèves ont appris leurs leçons en groupe. 5. Dans‿un mois elles finiront les cours et elles‿iront en vacances.
À noter	En complément de l'exercice sur les liaisons du livre de l'élève, cet exercice propose d'appliquer les liaisons obligatoires déjà vues (article-nom, pronom-verbe), ainsi que des liaisons devenues facultatives (entre un auxiliaire et un participe « sont allées », et avec « dans »). Mais il introduit surtout la notion de liaison interdite : la liaison avec le <t> de « et » est interdite en français, et les liaisons ont lieu à l'intérieur d'un groupe. On soulignera qu'il n'y a pas de liaison entre deux groupes qui se terminent par une consonne qui pourrait être un consonne de liaison <t, s, n> (habitudes/avant, pris/un, en cas/à, allées/au, élèves/ont, leçons/en, mois/elles, cours/et, iront/en).

2 Utiliser la liaison obligatoire p. 68

Modalité (cf. typologie)	Exercice de reconnaissance
Déroulement de l'activité	Lors de la première écoute, les apprenants se familiarisent avec le corpus. Lors de la deuxième écoute, individuellement, les apprenants repèrent les consonnes finales et marquent les liaisons obligatoires. Ensuite, par groupes de deux, les apprenants sont invités à comparer leurs réponses et à essayer de se convaincre en cas de désaccord. Une troisième écoute permettra de valider les réponses.

Corrigé	1. Je voudrais être en forme pour les‿examens. 2. Dans l'après-midi, prenez un petit‿encas pour rester concentré. 3. Il faut manger sans‿excès. 4. On‿a besoin de vitamines pour avoir de l'énergie. 5. Il faut prendre des‿aliments variés pour équilibrer les repas. 6. Vous pouvez prendre un‿abricot sec ou deux. 7. Quand‿on saute le petit-déjeuner, on‿est moins efficace.

3 Attention **p. 68-69**

Modalité (cf. typologie)	**Les dés sont jetés**
But de l'activité	Simuler un échange pour mettre quelqu'un en garde.
Objectifs pragmatiques	• Faire une mise en garde • Demander des précisions • Donner des précisions
Objectifs sociolinguistiques et socioculturels	• Utiliser le registre amical : ▪ utilisation de **Attention à quoi ?** • Respecter le rituel de l'interaction : les tours de parole
Outils langagiers	• **Attention !** • **Attention à** + nom
Exemple d'échange	*– Attention !* *– Attention à quoi ?* *– Attention aux problèmes de digestion !*
Déroulement de l'activité	Par deux, les apprenants simulent un échange pour mettre quelqu'un en garde. L'apprenant A met l'apprenant B en garde comme dans l'exemple. L'apprenant B demande des précisions comme dans l'exemple. L'apprenant A lance le dé pour préciser comme dans l'exemple. On inverse ensuite les rôles. L'enseignant pourra intervenir en cas de litige pour inviter les apprenants à vérifier auprès d'autres camarades ou à consulter des documents de références (livre, cahier…).

4 Recommandations avant les examens **p. 69**

Modalité (cf. typologie)	**Pioche !**
But de l'activité	Simuler un échange pour savoir comment bien préparer des examens
Objectifs pragmatiques	• Demander la confirmation d'une recommandation • Confirmer en exprimant une obligation
Objectifs sociolinguistiques et socioculturels	• Utiliser le registre neutre • Respecter le rituel de l'interaction : les tours de paroles
Outils langagiers	• **Il est recommandé de** + infinitif • **Il faut** + infinitif
Exemple d'échange	*– Pour bien préparer les examens, il est recommandé de manger équilibré ?* *– Oui, il faut manger équilibré !*

Déroulement de l'activité	Par deux, les apprenants font une série de fiches numérotées de 1 à 8. Ils simulent un échange pour savoir comment bien préparer des examens. L'apprenant A pioche un numéro. Avec l'élément tiré au sort, il interroge l'apprenant B comme dans l'exemple. L'apprenant B reformule la recommandation pour répondre comme dans l'exemple. On inverse ensuite les rôles. L'enseignant pourra intervenir en cas de litige pour inviter les apprenants à vérifier auprès d'autres camarades ou à consulter des documents de références (livre, cahier…).

5 Recommandations d'un professeur p. 69

Modalité (cf. typologie)	**Pioche !**
But de l'activité	Simuler un échange pour savoir comment être en forme le jour des examens
Objectifs pragmatiques	• Demander la confirmation d'une obligation • Confirmer en recommandant
Objectifs sociolinguistiques et socioculturels	• Utiliser le registre formel : ▪ utilisation du vouvoiement • Respecter le rituel de l'interaction : les tours de parole
Outils langagiers	• **Il faut que** + subjonctif • **Je vous recommande de** + infinitif
Exemple d'échange	– *Pour être en forme le jour des examens, il faut que je me lève tôt ?* – *Oui, je vous recommande de vous lever tôt.*
Déroulement de l'activité	Par deux, les apprenants font une série de fiches numérotées de 1 à 8. Ils simulent un échange pour savoir comment être en forme le jour des examens. L'apprenant A pioche un numéro. Avec l'élément tiré au sort, il interroge l'apprenant B comme dans l'exemple. L'apprenant B reformule l'obligation pour répondre comme dans l'exemple. On inverse ensuite les rôles. L'enseignant pourra intervenir en cas de litige pour inviter les apprenants à vérifier auprès d'autres camarades ou à consulter des documents de références (livre, cahier…).

6 Désolé(e) p. 70

Modalité (cf. typologie)	**Les dés sont jetés**
But de l'activité	Simuler un échange pour justifier un refus
Objectifs pragmatiques	• Faire une proposition • Refuser • Justifier son refus en exprimant l'obligation
Objectifs sociolinguistiques et socioculturels	• Utiliser le registre amical : ▪ utilisation de « Bah » ▪ introduction directe de la question • Respecter le rituel de l'interaction : les tours de parole
Outils langagiers	• **Attention !** • **Attention à** + nom

Exemple d'échange	*– Qui vient au fast-food avec moi ?* *– Bah, désolé(e), pas moi, il faut que je révise : j'ai un examen de physique demain.*
Déroulement de l'activité	Par deux, les apprenants simulent un échange pour justifier un refus. L'apprenant A fait une proposition à un groupe. L'apprenant B lance le dé pour refuser avec les éléments tirés au sort comme dans l'exemple. On inverse ensuite les rôles. L'enseignant pourra intervenir en cas de litige pour inviter les apprenants à vérifier auprès d'autres camarades ou à consulter des documents de références (livre, cahier…).

7 Bataille verbale **p. 70**

Modalité (cf. typologie)	**Bataille langagière**
But de l'activité	Détruire les bateaux de son adversaire
Objectif pragmatique	Exprimer l'obligation
Objectifs sociolinguistiques et socioculturels	Non pertinent
Outils langagiers	**Il faut que** + subjonctif
Exemple d'échange	*– Il faut qu'elle consulte Internet.* *– Dans l'eau ! / Coulé !*
Déroulement de l'activité	Chaque apprenant dessine secrètement 3 bateaux dans la grille. Pour détruire les bateaux de son adversaire, il faut les localiser en conjuguant les verbes au subjonctif présent en associant un élément de la première colonne et un élément de la première ligne (exemple : « Il faut qu'elle consulte internet »). Si le bateau est localisé, l'apprenant répond : « Coulé » ; sinon, il dit « Dans l'eau ! » et c'est à lui de jouer. Le joueur qui arrive à localiser les trois bateaux de son adversaire en premier à gagner.

8 Mise en garde **p. 71**

Modalité (cf. typologie)	**Les dés sont jetés**
But de l'activité	Simuler un échange pour mettre quelqu'un en garde
Objectifs pragmatiques	• Mettre en garde • Rassurer quelqu'un
Objectifs sociolinguistiques et socioculturels	• Utiliser le registre amical : ▪ utilisation du tutoiement • Respecter le rituel de l'interaction : les tours de parole
Outils langagiers	• **Attention** • L'impératif négatif
Exemple d'échange	*– Attention, ne prends pas des bananes trop vertes !* *– Oui, ne t'inquiète pas !*
Déroulement de l'activité	Par deux, les apprenants simulent un échange pour mettre quelqu'un en garde. L'apprenant A lance les dés. Avec les éléments tirés au sort, il avertit l'apprenant B. L'apprenant B réagit comme dans l'exemple. On inverse ensuite les rôles. L'enseignant pourra intervenir en cas de litige pour inviter les apprenants à vérifier auprès d'autres camarades ou à consulter des documents de références (livre, cahier…).

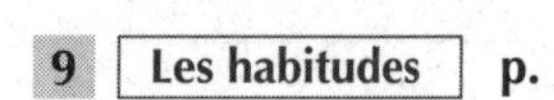
9 Les habitudes p. 71

Modalité (cf. typologie)	**Entre amis**
But de l'activité	Trouver son alter ego
Objectifs pragmatiques	• Demander une information • Donner une information
Objectifs sociolinguistiques et socioculturels	• Utiliser le registre amical : ▪ Interrogation avec **Est-ce que… ?** • Respecter le rituel de l'interaction : les tours de parole
Outils langagiers	• **Est-ce que ?** • Sujet + pronom + verbe • Sujet + ne + pronom + verbe + pas
Exemple d'échange	*– Est-ce que tu sautes souvent le petit-déjeuner ?* *– Oui, je le saute souvent. / Non, je ne le saute pas.*
Déroulement de l'activité	On forme des groupes de quatre. Chaque apprenant coche les cases correspondant à ce qu'il fait. Dans un deuxième temps, chaque apprenant interroge les autres pour obtenir leurs réponses. Il coche les cases correspondantes avec un crayon d'une couleur différente. Puis, ils entourent leurs points communs.

JE PASSE À L'ACTION

Livre de l'élève p. 43

6 Pour faire une campagne de prévention

Pour réaliser la tâche de production, les apprenants pourront s'appuyer sur les contenus de l'unité.

Par groupe de trois, les apprenants sélectionnent un support pour leur campagne de prévention. Ils font une liste des causes qui mériteraient une campagne de prévention. Ils en choisissent une et font un remue-méninges pour trouver des idées. Ils se répartissent le travail :
- réalisation d'une affiche (ils pourront s'inspirer du format des exemples proposés p. 24 et 40 du livre de l'apprenant) ;
- réalisation d'une page de site internet (ils pourront s'inspirer de l'exemple proposé p. 42 du livre de l'apprenant) ;
- réalisation d'une émission de radio pour sensibiliser les auditeurs (ils pourront s'inspirer des exemples proposés p. 40 et 42 du livre de l'apprenant).

Chacun organise ses idées et celles du groupe pour réaliser son travail et se charge de la présentation d'un des trois documents. Ensuite, les apprenants rassemblent leurs travaux afin de procéder à une correction mutuelle.

Critères d'évaluation

		Oui	Partiellement	Non
Composante pragmatique	L'objectif principal a été atteint : un article de presse a été rédigé.	☐	☐	☐
	Le discours est cohérent.	☐	☐	☐
	Les fonctions langagières utilisées sont pertinentes pour réaliser la tâche :			
	• faire une recommandation ;	☐	☐	☐
	• faire une mise en garde ;	☐	☐	☐
	• exprimer une obligation.	☐	☐	☐
Composante sociolinguistique	Le registre de langue utilisé est en adéquation avec la situation de communication : registre neutre.	☐	☐	☐
	Le rituel de présentation de l'affiche est respecté :			
	• présence d'un slogan ;	☐	☐	☐
	• présence d'une illustration ;	☐	☐	☐
	• présence d'informations préventives ;	☐	☐	☐
	• présence d'informations pratiques ;	☐	☐	☐
	• présence d'un logo.	☐	☐	☐
	Le rituel de présentation de la page d'un site est respecté :			
	• présence d'un bandeau ;	☐	☐	☐
	• présence d'un titre ;	☐	☐	☐
	• présence d'illustrations ;	☐	☐	☐
	• présence d'informations préventives.	☐	☐	☐
	Le rituel de présentation d'une émission de radio est respecté :			
	• salutations ;	☐	☐	☐
	• indication sur la thématique de l'émission ;	☐	☐	☐
	• présentation éventuelle de l'invité et/ou des auditeurs ;	☐	☐	☐
	• alternance intervention de l'animateur, de l'invité et/ou des auditeurs ;	☐	☐	☐
	• prise de congés.	☐	☐	☐

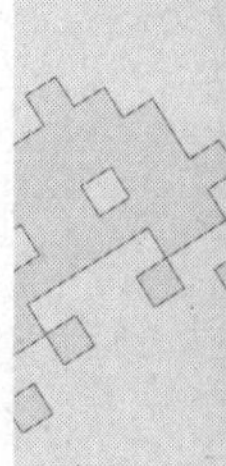

Composante linguistique	La prononciation favorise la compréhension.	☐	☐	☐
	Le lexique nécessaire pour la réalisation de la tâche est utilisé de manière appropriée :			
	• l'engagement ;	☐	☐	☐
	• les droits ;	☐	☐	☐
	• la mise en garde.	☐	☐	☐
	Les structures nécessaires pour la réalisation de la tâche sont utilisées de manière appropriée :			
	• il (ne) faut (pas) que + subjonctif ;	☐	☐	☐
	• il (ne) faut (pas) + infinitif ;	☐	☐	☐
	• faire attention / veiller / attention à + nom ;	☐	☐	☐
	• faire attention / veiller / attention à + infinitif ;	☐	☐	☐
	• il est recommandé de + infinitif ;	☐	☐	☐
	• ne + pronom + verbe à l'impératif + pas ;	☐	☐	☐
	• sujet (+ pronom) + recommander au présent + de + infinitif.	☐	☐	☐
	Les verbes sont conjugués aux temps et aux personnes qui conviennent pour la réalisation de la tâche :			
	• l'impératif ;	☐	☐	☐
	• le présent de l'indicatif ;	☐	☐	☐
	• le subjonctif.	☐	☐	☐
	L'orthographe du lexique nécessaire pour la réalisation de la tâche est maîtrisée.	☐	☐	☐

3ᴱ DÉFI : JE DÉCOUVRE LA FRANCE MULTICULTURELLE

À NOTER

Le 3e défi peut faire l'objet d'une collaboration avec le professeur d'autres langues et le professeur d'informatique.

Livre de l'élève p. 44-45

Les personnalités présentées ont été choisies parce qu'elles donnent une représentation de la société multiculturelle et parce que les messages de chacune d'entre elles permettent d'exposer les apprenants à d'autres visions d'une même réalité : Qu'est-ce qu'être français ? La réponse diffère en fonction du vécu de chacun.

Le message d'Albert Jacquard permet d'inciter les apprenants à s'interroger sur le monde de demain.

Il s'agit ici de mettre en regard les avis des apprenants quant aux messages des personnalités.

1 Pour comparer les avis

Modalité (cf. typologie)	**Entre amis**
But de l'activité	Favoriser l'ouverture sur le monde, la découverte d'autres manières de penser.
Déroulement de l'activité	Dans un premier temps, les apprenants observent et lisent les documents p. 44 et 45 du livre de l'apprenant. Puis, ils ferment le livre et complètent la première colonne du tableau. Dans un deuxième temps, par groupes de deux, les apprenants, sont invités à comparer leurs réponses et à essayer de se convaincre en cas de désaccord. Puis, ils vérifient en relisant les documents p. 44 et 45 du livre de l'apprenant. Dans un troisième temps, individuellement, les apprenants donnent leur avis en écrivant oui ou non en face de chaque situation dans la 2e colonne. Pour finir, ils interrogent 3 camarades pour compléter les colonnes restantes. Ils entourent leurs points communs.
Corrigé	

	Qui à dit ?
Je suis fière de ma nationalité.	Myriam Soumaré
Le mépris est la cause des horreurs de ce monde.	Albert Jacquard
Connaître ses origines nous aide à nous construire.	Abd al Malik
Il faut construire un monde meilleur.	Albert Jacquard
Tout être humain est une réussite fabuleuse.	Albert Jacquard

2 Pour jouer au mémovocab

Modalité (cf. typologie)	**Memovocab**
But de l'activité	Pratique du vocabulaire
Objectifs pragmatiques	• Définir • Énoncer • Infirmer / confirmer
Objectif sociolinguistique et socioculturel	Respecter le rituel du jeu
Outils langagiers	• **C'est…** • **Oui, c'est ça ! / Non, ce n'est pas ça !**
Exemple d'échange	– *C'est le contraire de la paix.* – *La guerre !* – *Oui, c'est ça.*
Déroulement de l'activité	Les apprenants travaillent par groupe de trois ou quatre. À tour de rôle, le meneur du jeu choisit un mot qu'il doit faire deviner aux autres membres du groupe en le définissant. Le premier qui trouve la bonne réponse marque 1 point.

Livre de l'élève p. 45

Les apprenants s'accordent sur une liste de personnages célèbres et engagés ainsi que sur le support et le format à adopter. Chacun choisit un des personnages pour en faire une présentation d'une dizaine de ligne. La présentation sera illustrée par une photographie et une citation du personnage. Ensuite, par groupe de deux, les apprenants échangeront leurs travaux afin de procéder à une séance de correction mutuelle. Pour finir, tous les travaux seront réunis. On pourra les afficher dans la classe, ou les intégrer dans le blog de la classe.

Critères d'évaluation

		Oui	Partiellement	Non
Composante pragmatique	L'objectif principal a été atteint : une présentation d'un personnage célèbre et engagé a été réalisée.	☐	☐	☐
	Le discours est cohérent.	☐	☐	☐
	Les fonctions langagières utilisées sont pertinentes pour réaliser la tâche :			
	• présenter quelqu'un ;	☐	☐	☐
	• donner des informations ;	☐	☐	☐
	• parler des activités de quelqu'un ;	☐	☐	☐
	• faire des mises en garde ;	☐	☐	☐
	• exprimer l'obligation / le devoir ;	☐	☐	☐
	• exprimer la possibilité.	☐	☐	☐
Composante sociolinguistique	Le registre de langue utilisé est en adéquation avec la situation de communication : registre neutre.	☐	☐	☐
	Le rituel d'une présentation est respecté :			
	• présentation personnelle : prénom, nom, nationalité, date de naissance ;	☐	☐	☐
	• présentation de son engagement : les causes de son engagement, de ses actes.	☐	☐	☐
Composante linguistique	Le lexique nécessaire pour la réalisation de la tâche est utilisé de manière appropriée :			
	• l'engagement.	☐	☐	☐
	Les structures nécessaires pour la réalisation de la tâche sont utilisées de manière appropriée :			
	• il (ne) faut (pas) que + subjonctif ;	☐	☐	☐
	• il (ne) faut (pas) + infinitif ;	☐	☐	☐
	• faire attention / veiller / attention à + nom ;	☐	☐	☐
	• faire attention / veiller / attention à + infinitif ;	☐	☐	☐
	• devoir + infinitif ;	☐	☐	☐
	• avoir (juste) à + infinitif ;	☐	☐	☐
	• pouvoir + infinitif.	☐	☐	☐
	Les verbes sont conjugués aux temps et personnes qui conviennent pour la réalisation de la tâche :			
	• le présent de l'indicatif ;	☐	☐	☐
	• le subjonctif ;	☐	☐	☐
	• utilisation de la 3e du singulier.	☐	☐	☐
	L'orthographe du lexique nécessaire pour la réalisation de la tâche est maîtrisée.	☐	☐	☐

Il convient de communiquer les critères d'évaluation aux apprenants.
L'enseignant pourra s'appuyer sur la grille ci-dessus pour proposer une grille d'autoévaluation aux apprenants en la reformulant.

LA MISSION p. 47

→ ORGANISER UNE JOURNÉE POUR LA DÉFENSE DES DROITS DES ADOLESCENTS

À NOTER

La mission peut faire l'objet d'une collaboration avec l'enseignant d'arts plastiques, d'informatique et l'enseignant ou l'acteur de la vie scolaire.

Par groupes de trois ou quatre, les apprenants s'accordent sur les différents événements de cette journée, sur les différents outils de communication à utiliser (programme, affiche, émission de radio, page d'un site internet…) ainsi que sur la répartition du travail. Pour cela, ils sont d'abord invités à faire une liste d'idée d'événements envisageables pour cette journée. À partir de cette liste, le groupe va proposer un programme pour la journée : réalisation d'une affiche, d'une émission de radio et de la page du site internet.

Critères d'évaluation

		Oui	Partiellement	Non
Composante pragmatique	L'objectif principal a été atteint : une journée pour la défense des droits des adolescents a été organisée.	☐	☐	☐
	Les différentes tâches ont été réalisées :			
	• rédaction d'un programme ;	☐	☐	☐
	• réalisation d'une affiche ;	☐	☐	☐
	• participation à une émission de radio ;	☐	☐	☐
	• réalisation d'une page internet.	☐	☐	☐
	Le discours est cohérent.	☐	☐	☐
	Les fonctions langagières utilisées sont pertinentes pour réaliser la tâche :			
	• exprimer un droit ;	☐	☐	☐
	• exprimer une obligation ou un devoir ;	☐	☐	☐
	• exprimer une possibilité ;	☐	☐	☐
	• faire une mise en garde.	☐	☐	☐

Composante sociolinguistique	Le registre de langue utilisé est en adéquation avec la situation de communication : registre neutre.	☐	☐	☐
	Le rituel de présentation de l'affiche est respecté :			
	• présence d'un slogan ;	☐	☐	☐
	• présence d'une illustration ;	☐	☐	☐
	• présence d'informations préventives ;	☐	☐	☐
	• présence d'informations pratiques ;	☐	☐	☐
	• présence d'un logo.	☐	☐	☐
	Le rituel de présentation de la page d'un site est respecté :			
	• présence d'un bandeau ;	☐	☐	☐
	• présence d'un titre ;	☐	☐	☐
	• présence d'illustrations ;	☐	☐	☐
	• présence d'informations préventives.	☐	☐	☐
	Le rituel de présentation d'une émission de radio est respecté :			
	• salutations ;	☐	☐	☐
	• indication sur la thématique de l'émission ;	☐	☐	☐
	• présentation éventuelle de l'invité et/ou des auditeurs ;	☐	☐	☐
	• alternance intervention de l'animateur, de l'invité et/ou des auditeurs ;	☐	☐	☐
	• prise de congés.	☐	☐	☐
Composante linguistique	La prononciation favorise la compréhension.	☐	☐	☐
	Le lexique nécessaire pour la réalisation de la tâche est utilisé de manière appropriée :			
	• les droits ;	☐	☐	☐
	• l'adolescence.	☐	☐	☐
	Les structures nécessaires pour la réalisation de la tâche sont utilisées de manière appropriée :			
	• il (ne) faut (pas) que + subjonctif ;	☐	☐	☐
	• il (ne) faut (pas) + infinitif ;	☐	☐	☐
	• vouloir + infinitif ;	☐	☐	☐
	• pouvoir + infinitif ;	☐	☐	☐
	• avoir à + infinitif.	☐	☐	☐
	Les verbes sont conjugués aux temps et aux personnes qui conviennent pour la réalisation de la tâche :			
	• l'impératif ;	☐	☐	☐
	• le présent de l'indicatif ;	☐	☐	☐
	• le subjonctif.	☐	☐	☐
	L'orthographe du lexique nécessaire pour la réalisation de la tâche est maîtrisée.	☐	☐	☐

ÉVALUATION : QUIZ

Corrigé

1	« Vous devez faire vos devoirs. »
2	Exemple : charcuterie, mayonnaise, fromage.
3	Abd al Malik est un rappeur, slameur et compositeur français d'origine congolaise.
4	« Il faut que vous mangiez équilibré pour être en forme. »
5	Un encas est une collation, un repas léger en cas de besoin.
6	« Il faut que tu prennes un bon petit déjeuner le matin. »
7	Passe ton tour.
8	Le droit à l'égalité pour chaque enfant : quels que soient son sexe, son origine ou celle de ses parents. Le droit à une justice adaptée à son âge lorsqu'il commet une infraction. Le droit de vivre en famille. Le droit au meilleur état de santé possible. Le droit pour l'enfant handicapé d'être aidé à vivre avec les autres et à être le plus autonome possible. Le droit de s'exprimer et d'être entendu sur les questions qui le concernent. Le droit de ne pas être exploité. Le droit d'être protégé en priorité en temps de guerre et de ne pas devenir soldat. Le droit d'avoir une identité : un nom, un prénom, une nationalité. Le droit à l'éducation et aux loisirs.
	Le droit à la protection de sa vie privée. Le droit d'être protégé contre toutes les formes de violence.
9	Le dîner est important, ne le sautez pas !
10	Albert Jacquard est un scientifique et essayiste français. Il est généticien et a été membre du Comité consultatif national d'éthique. Albert Jacquard consacre l'essentiel de son activité à la diffusion d'un discours humaniste destiné à favoriser l'évolution de la conscience collective.
11	Le petit déjeuner, le déjeuner, le goûter, le dîner.
12	Vrai : La Défenseure des droits des enfants est une institution de l'État.
13	Reculez de deux cases.
14	Je vous recommande de vous coucher tôt.
15	Vrai : Myriam Soumaré est une athlète française d'origine mauritanienne.
16	« Le droit de s'exprimer »
17	Avance de deux cases.
18	Un nutritionniste est un médecin spécialisé dans les sciences de la nutrition. Il étudie l'ensemble des manières dont un organisme vivant utilise les aliments pour assurer le fonctionnement des fonctions vitales et la production d'énergie.
19	Le droit à la protection.
20	Une charte est une liste d'engagements, de règles. C'est une sorte de règlement.

Cahier d'exercices p. 73

PRÉPARATION AU DELF

PRODUCTION ÉCRITE — 25 POINTS

GRILLES D'ÉVALUATION DE LA PRODUCTION ÉCRITE

Exercice 1

Respect de la consigne Peut mettre en adéquation sa production avec la situation proposée.	0	0,5	1				
Correction sociolinguistique Peut utiliser les registres de langue en adéquation avec le destinataire et le contexte.	0	0,5	1				
Capacité à raconter et à décrire Peut décrire de manière simple des aspects quotidiens de son environnement (gens, choses, lieux) et des événements, des activités passées, des expériences personnelles.	0	0,5	1	1,5	2	2,5	3
Étendue et maîtrise du lexique Possède un lexique suffisant pour satisfaire les besoins communicatifs élémentaires.	0	0,5	1				
Morphosyntaxe / correction grammaticale Peut utiliser des structures simples correctement mais commet encore systématiquement des erreurs élémentaires comme, par exemple, la confusion des temps et l'oubli de l'accord. Cependant, le sens général reste clair.	0	0,5	1	1,5	2		
Orthographe Peut écrire avec une relative exactitude phonétique (mais pas forcément orthographique) des mots courts qui appartiennent à son vocabulaire oral.	0	0,5	1				
Cohérence et cohésion Peut produire un texte simple et cohérent. Peut relier des énoncés avec les articulateurs les plus fréquents.	0	0,5	1				

Exercice 2

Respect de la consigne Peut mettre en adéquation sa production avec la situation proposée.	0	0,5	1	1,5					
Correction sociolinguistique Peut utiliser les registres de langue en adéquation avec le destinataire et le contexte.	0	0,5	1	1,5					
Capacité à raconter et à décrire Peut décrire de manière simple des aspects quotidiens de son environnement (gens, choses, lieux) et des événements, des activités passées, des expériences personnelles.	0	0,5	1	1,5	2	2,5	3	3,5	4

Étendue et maîtrise du lexique Possède un lexique suffisant pour satisfaire les besoins communicatifs élémentaires.	0	0,5	1	1,5	2		
Morphosyntaxe / correction grammaticale Peut utiliser des structures simples correctement mais commet encore systématiquement des erreurs élémentaires comme, par exemple, la confusion des temps et l'oubli de l'accord. Cependant, le sens général reste clair.	0	0,5	1	1,5	2	2,5	3
Orthographe Peut écrire avec une relative exactitude phonétique (mais pas forcément orthographique) des mots courts qui appartiennent à son vocabulaire oral.	0	0,5	1	1,5			
Cohérence et cohésion Peut produire un texte simple et cohérent. Peut relier des énoncés avec les articulateurs les plus fréquents.	0	0,5	1	1,5			

1 Pour faire des recommandations à un(e) ami(e) pour être en forme pendant les examens, je reformule les phrases avec « Il faut que… ». /5 points

– Il faut se coucher tôt.
– Il faut réviser à un bon rythme.
– Il faut éviter de manger trop lourd.
– Il faut organiser son temps de travail.
– Il faut contrôler son stress.

2 Pour compléter le texte ci-dessous, j'utilise les verbes entre parenthèses. /5 points

« Bonjour à tous et bienvenus ! Je suis Adrien, le directeur de la colo.
Pour commencer, _____ (avoir) à vous communiquer quelques règles qu'il _____ respecter.
Le matin, vous _____ (devoir) être prêts à 9 heures. Vous _____ (pouvoir) prendre votre petit déjeuner à partir de 7 h 00. À tour de rôle, vous _____ (avoir) à faire le service et le rangement.
Le soir, le self est ouvert entre 18 h 45 et 19 h 30.
Entre 20 h 00 et 21 h 45, vous _____ (pouvoir) participer aux activités proposées par les animateurs mais vous _____ (avoir le droit) d'aller au foyer pour discuter, lire ou faire des jeux de société si vous préférez. À 22 h 30, vous _____ (devoir) être couchés.
Vous _____ (avoir le droit) de sortir de la colonie sans être accompagné d'un animateur.
Il _____ (être obligatoire) de se doucher une fois par jour. »

3 Pour compléter le texte ci-dessous, j'utilise les groupes consonantiques. /5 points

Vi ___ e avec ses parents, ce n'est pas toujours facile. Il faut négocier pour éviter les con ___ its. Les adolescents doivent avoir le ___ oit à une vie ___ ivée. Il faut organiser une journée pour défen ___ e les ___ oits des adolescents. Il faudra ___ éparer le pro ___ amme et informer le pu ___ ic.

4 Pour compléter le texte, j'utilise les mots suivants : *faut, te comportes, peux, faire, te laisse, respectes, dois, à faire, milites, veux.* /5 points

– C'est quoi ce truc-là ?
– Ça, c'est mon passeport de citoyen du monde.
– Ah bon, et qu'est-ce qu'il faut _____ pour en avoir un ?
– Ce n'est pas compliqué : si tu _____ avoir un passeport de citoyen du monde, tu _____ envoyer ta demande à l'UNICEF et t'engager à respecter certains principes. Par exemple, il faut que tu _____ pour un monde où chacun vive dans de bonnes conditions. Il faut que tu _____ de la même manière envers chacun – garçon ou fille – peu importe sa couleur de peau, sa religion, le pays d'où il/elle vient. Il faut que tu _____ la nature et les animaux. Il _____ aussi prendre soin des autres et être solidaire avec les plus faibles.
– C'est génial, ce truc ! Tu _____ me donner l'adresse de l'UNICEF ?
– UNICEF Suisse, Club « Kids united » Baumackerstrasse 24 - 8050 - Zurich
– Merci, je te laisse, il faut que je _____ , j'ai un truc urgent _____.
– Ah oui, et quoi ?
– Ma demande de passeport de citoyen du monde !

Total : ____/ 20 points

UNITÉ 5

VOTRE MISSION

→ ORGANISER UNE RENCONTRE INTERGÉNÉRATIONNELLE .... p. 49

	Objectifs pragmatiques		**Objectifs sociolinguistiques et interculturels**
Compétences nécessaires pour la réalisation des micro-tâches et de la tâche	• Demander des informations • Donner des informations • Demander de l'aide • Proposer de l'aide • Éviter les répétitions • Exprimer l'opposition : ▪ nuancer ses propos • Exprimer le but : ▪ justifier un conseil • Exprimer un fait futur : ▪ faire des projets ▪ promettre		• Utiliser le registre informel, neutre, formel • Respecter le rituel de l'interaction dans les échanges : ▪ rituel de politesse ▪ tours de paroles • Respecter le rituel de présentation des documents • Adopter un comportement ouvert pour être à l'écoute des autres et découvrir le monde des autres générations.
	Outils langagiers à acquérir		
	Grammaire	**Lexique**	**Phonétique**
	• L'interrogation avec l'inversion du sujet • L'interrogation avec *est-ce que* • Les interrogatifs • Les pronoms COD : *le, la, les* • Les pronoms COI : *lui, leur* • L'opposition : *mais, alors que, pourtant, même si* • Le but : *pour / afin de* + infinitif *et pour que / afin que* + subjonctif • Le subjonctif des verbes *être* et *avoir* • Le futur des verbes irréguliers : *être, voir, pouvoir, aller*	• Les relations familiales • La communication entre adolescents et parents • Les relations intergénérationnelles	• L'opposition [j] / [ʒ] • L'opposition [j] / [l]

JE DÉCOUVRE LA MISSION

 **Livre de l'élève p. 49**

 Ce document sonore a pour objectif de plonger les apprenants dans l'univers des relations sociales et familiales dans lequel ils vont évoluer pendant l'unité et de les mettre sur la voie de la tâche qu'ils auront à accomplir : *Organiser une rencontre intergénérationnelle*.

Cahier d'exercices p. 75

Inviter les élèves à noter les indices trouvés dans le cadre.
Indices sonores : bruits d'adultes et d'enfants qui parlent, qui jouent et qui rient, bruits d'un liquide versé dans un verre et de couverts manipulés.

Livre de l'élève p. 49

Les apprenants prennent leur livre p. 49 afin d'observer la photo pour repérer les indices visuels qui vont leur permettre de valider les réponses faites précédemment.
Indices visuels : un buffet installé dans la rue, devant plusieurs immeubles. Autour du buffet, des adultes et des enfants discutent et se servent à manger. Les personnes habitent probablement dans le quartier et participent à un événement convivial : la fête des voisins.

JE PRÉPARE LA MISSION

Cahier d'exercices p. 75

Qu'est-ce que je sais faire ?	Qu'est-ce que je vais apprendre ?
• Demander une information (niveau 1, unités 2 et 5 ; niveau 2, unité 3 et 6) • Donner des conseils (niveau 1, unité 3 ; niveau 3, unité 2) • Donner un avis (niveau 2, unité 3)	• Demander de l'aide • Proposer de l'aide • Justifier des conseils • Faire des projets • Nuancer mes propos

1ER DÉFI : JE CRÉE UN TEST SUR L'AMITIÉ

À NOTER

Le 1er défi peut faire l'objet d'une collaboration avec l'enseignant ou l'acteur de la vie scolaire.

JE COMPRENDS

 **Livre de l'élève p. 50**

→ Anticipation

Réponses possibles pour l'illustration ①

1. Un test, une enquête, un jeu…
2. Passer le temps, mieux se connaitre, jouer, se distraire…
3. Aux filles, aux adolescents, aux jeunes, aux gens en général…

→ Compréhension globale

Réponses attendues pour l'illustration ①

1. Un test.
2. Mieux se connaitre.
3. Aux adolescents.

Cahier d'exercices p. 76

→ Compréhension détaillée

L'activité peut se dérouler individuellement. Après avoir répondu au test, les apprenants sont invités à calculer leur score puis à mettre en commun leur profil avec leurs camarades. Dans ce cas, les réponses sont libres. Pour accomplir la tâche de réception, l'apprenant doit accéder au sens du document et identifier les informations nécessaires.

L'activité peut également se dérouler par groupes de deux. Chaque apprenant répond au test individuellement. Ensuite A interroge B pour obtenir ses réponses et inversement. Après avoir répondu au test, les apprenants sont invités à calculer le score de leur camarade et à lui indiquer son profil. Cet échange permettra à A et à B de vérifier leur compréhension des informations essentielles du document.

JE DÉCOUVRE LA LANGUE

Livre de l'élève p. 51

Pour identifier la fonction langagière de l'illustration : *Avez-vous besoin d'aide ?*, les apprenants pourront s'appuyer sur les indices fournis par l'illustration : l'air fatigué de l'homme qui est chargé, les gouttes de sueur qui lui tombent du front, la précipitation du jeune garçon et son doigt tendu vers le haut qui indique qu'il demande l'autorisation d'intervenir. Grâce à ces indices, ils pourront comprendre que le personnage « propose de l'aide ».

Exemple	Que fait le personnage ?	Quelle structure il utilise ?
Avez-vous besoin d'aide ?	Il propose de l'aide.	Verbe + sujet + **besoin de** + nom

Cahier d'exercices p. 77-78

→ Repérage

	Doc. 1
demander une information	• Que fais-tu ? • Comment fais-tu ? • Que lui demandes-tu ?
demander de l'aide	• Je peux emprunter votre téléphone pour appeler mes parents ? • Est-ce que je peux emprunter votre téléphone pour appeler mes parents, s'il vous plait ? • Puis-je emprunter votre téléphone pour appeler mes parents ?
proposer de l'aide	• Avez-vous besoin d'aide ? • Est-ce que je peux vous aider, madame Marceau ?

éviter la répétition du nom	• Tu ne l'écoutes pas • Tu lui donnes quelques réponses • Tu le laisses recopier • tu n'es pas d'accord avec lui • Tu l'écoutes expliquer son point de vue • tu lui prouves qu'il a tort • Tu le laisses s'expliquer sans le contredire • Tu lui dis • Tu l'ignores • Tu lui montres • tu ne peux malheureusement pas l'aider • Tu le pousses à aller lui parler • Tu lui proposes de jouer les messagers • Tu le laisses se débrouiller • ils le savent • tu leur rends service • les écouter, les aider, leur donner de ton temps et leur montrer ton intérêt pour eux • tu es là quand tu as besoin d'eux • tu peux les perdre !

À noter : Pour favoriser la découverte des règles, le corpus sera complété à partir d'exemples donnés par l'enseignant ou induits par les apprenants. Cela permettra également d'élargir les corpus pour permettre aux apprenants de découvrir les personnes manquantes.

→ Conceptualisation

Pour…	Je peux utiliser :	Je connais aussi :
demander une information	• Interrogatif + verbe + sujet ? • Interrogatif + pronom personnel + sujet ?	• Pronom interrogatif + sujet + verbe (niveau 2, unité 6) • **Qu'est-ce que** + sujet + verbe (niveau 1, unité 2) • Phrase affirmative + interrogatif (niveau 1, unité 5) • Interrogatif + **est-ce que** + sujet + verbe (niveau 2, unité 3)
demander de l'aide	• **Est-ce que je peux** + pronom + verbe à l'infinitif + complément ? • Verbe + sujet + pronom + verbe à l'infinitif + complément • **Je peux** + pronom + verbe à l'infinitif + complément	
proposer de l'aide	• Verbe **avoir** + sujet + **besoin d'aide** ? • **Est-ce que je peux** + pronom + **aider** ?	
éviter la répétition du nom	• Sujet + pronom COI (**lui, leur**) + verbe • Sujet + verbe modal + pronom + verbe à l'infinitif • Sujet + verbe + préposition + pronom COI (**lui, elle, eux, elles**)	• Sujet + pronom COD (**le, la, l', les**) + verbe • Sujet + ne + pronom COD + verbe + **pas** (niveau A2.2, unité 4)

Livre de l'élève p. 51

5 Pour emprunter quelque chose

Modalité (cf. typologie)	**La ronde**
But de l'activité	Simuler un échange pour demander un service à quelqu'un
Objectifs pragmatiques	• Demander quelque chose à quelqu'un • Accepter • Mettre en garde
Objectifs sociolinguistiques et socioculturels	• Utiliser le registre formel : l'inversion du sujet • Respecter le rituel de l'interaction : les tours de parole
Outils langagiers	• L'inversion du sujet • Les pronoms COD
Exemple d'échange	– *Peux-tu me prêter ton vélo ?* – *Je te le prête, mais tu fais attention !*
Déroulement de l'activité	Chaque apprenant écrit un objet sur un papier. L'apprenant A formule sa demande et l'apprenant B répond comme dans l'exemple. Puis, on inverse les rôles et on fait circuler les papiers. L'activité se poursuit 10 minutes environ.

Phonétique

Modalité (cf. typologie)	**Levez !**
Objectif	Distingue [j] et [ʒ]
Déroulement de l'activité	Les apprenants réalisent chacun une fiche avec [j] et une fiche avec [ʒ]. Lors de la première écoute, les apprenants se familiarisent avec le corpus. Lors de la deuxième écoute, après chaque énoncé, ils lèvent la fiche [j], s'ils entendent [j] ou la fiche [ʒ], s'ils entendent [ʒ]. Une troisième écoute permettra de valider les réponses.
Corrigé	[j] : amitié, essayer, oublier [ʒ] : âgé, jeux

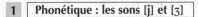

Cahier d'exercices p. 79-82

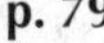

1 Phonétique : les sons [j] et [ʒ] p. 79

Modalité (cf. typologie)	**La criée**
Objectif	Distingue [j] et [ʒ]
Déroulement de l'activité	Lors de l'écoute, les apprenants se familiarisent avec le corpus. Ensuite, par groupes de deux ou plus, à tour de rôle, les apprenants choisissent un mot, ils l'articulent en silence. Les autres membres du groupe identifient et prononcent le mot articulé.

Corrigé	[ʝ] : Yeux, rouille, paille, les tailles, paye [ʒ] : jeux, rouge, page, laitage, beige

2 Phonétique : le son [j] p. 79

Modalité	**Exercice de discrimination**
Objectif	Identifier les manières d'écrire [j]
Déroulement de l'activité	Lors de l'écoute, les apprenants se familiarisent avec le corpus. Ensuite, individuellement, les apprenants soulignent les mots avec le son [j] et entourent les lettres nécessaires pour écrire le son [j]. (Ces deux étapes peuvent être réalisée en devoir à la maison.) Puis, par groupes de deux, les apprenants sont invités à comparer leurs réponses et à essayer de se convaincre en cas de désaccord.
Corrigé	[j] : coquillage, conseil, surveiller, yoga, essayer, laitier

3 Les mots fléchés p. 79

Modalité	**Mots croisés**
Déroulement de l'activité	Individuellement, les apprenants complètent la grille de mots croisés. (Cette étape peut être réalisée en devoir à la maison.) Ensuite, par groupes de deux, les apprenants sont invités à comparer leurs réponses et à essayer de se convaincre en cas de désaccord.
Corrigé	1. escalier – 2. quartier – 3. immeuble – 4. voisin – 5. appartement – 6. gardien – 7. couloir **Le mot secret** : un ascenseur
Autre modalité envisageable	Possibilité de réaliser cette activité avec les modalités « **La criée** ». L'animateur donne une définition. Les apprenants doivent retrouver le mot et l'écrire dans la grille.

4 Test p. 80

Modalité	**Exercice de transformation**
Déroulement de l'activité	L'activité se fait individuellement dans un premier temps les apprenant formulent les questions. (Cette étape peut être réalisée en devoir à la maison.) Puis, par groupes de deux, les apprenants sont invités à comparer leurs réponses et à essayer de se convaincre en cas de désaccord.
Corrigé	1. Comment réagis-tu ? – 2. Où les mets-tu ? – 3. Comment les préviens-tu ? – 4. Que fais-tu ? – 5. Que leur apportes-tu ?
Autre modalité envisageable	Cette activité pourra être réalisée avec les modalités « **Tête à tête** ». L'apprenant A interroge l'apprenant B pour obtenir ses réponses et calculer son résultat.

5 | La ronde des chiffres | **p. 81**

Modalité (cf. typologie)	**Tête à tête**
But de l'activité	Deviner les informations cachées derrière les chiffres choisis par un camarade
Objectifs pragmatiques	• Demander une information • Donner une information
Objectifs sociolinguistiques et socioculturels	• Utiliser le registre amical • Respecter le rituel de l'interaction : les tours de parole
Outils langagiers	• Le lexique de la famille • L'interrogatif **est-ce que** • Intonation interrogative et affirmative
Exemple d'échange	*– Est-ce que tu as deux sœurs ?* *– Non !* *– Est-ce que tu as deux frères ?* *– Oui !*
Déroulement de l'activité	Dans un premier temps, chaque apprenant écrit secrètement 4 chiffres en lien avec sa famille (nombre de frères ou de sœur, année de naissance, mois de naissance, jour de naissance, âge d'un membre de la famille…) Ensuite les apprenants travaillent par groupes de deux. À tour de rôle, ils s'interrogent comme dans l'exemple pour découvrir les informations cachées derrières les chiffres.

6 | Tu peux… | **p. 81**

Modalité (cf. typologie)	**Lancer de balle**
But de l'activité	Simuler un échange pour demander à quelqu'un de faire quelque chose
Objectifs pragmatiques	• Demander à quelqu'un de faire quelque chose • Accepter • Exprimer une intention
Objectifs sociolinguistiques et socioculturels	• Utiliser le registre amical : le pronom **tu** • Respecter le rituel de l'interaction : les tours de parole
Outils langagiers	• Le lexique des corvées • **Tu peux** + infinitif • **Je vais** + infinitif • Les pronoms COD : **le, la, les** • Intonation interrogative et affirmative • **Ce soir / cet après-midi / demain**
Exemple d'échange	*– Tu peux sortir le chien ce soir ?* *– D'accord, je vais le sortir !*
Déroulement de l'activité	Chaque groupe forme un cercle. Le lancer de la balle (ou boule de papier froissée) sert à donner la parole. Le lanceur choisit une corvée et lance la balle à un participant à qui il demande de la faire. Le joueur qui reçoit la balle accepte de faire la corvée puis, à son tour, il lance la balle à un autre joueur, etc.

7 Mes préférences p. 81-82

Modalité (cf. typologie)	**Les dés sont jetés**
But de l'activité	Simuler un échange pour expliquer un refus
Objectifs pragmatiques	• Demander confirmation • Exprimer un refus • Justifier son refus • Éviter une répétition
Objectifs sociolinguistiques et socioculturels	• Utiliser le registre amical • Respecter le rituel de l'interaction : les tours de paroles.
Outils langagiers	• **Alors c'est d'accord pour demain ?** • **Non, je ne peux pas, je** + verbe + **avec…** • **Je** + pronom COI (**lui, leur**) + **ai promis** • Intonation interrogative et affirmative
Exemple d'échange	*– Alors, c'est d'accord pour demain ?* *– Non, je ne peux pas : j'accompagne ma sœur à son cours de danse, je lui ai promis !*
Déroulement de l'activité	Par deux, les apprenants simulent un échange entre deux amis. L'apprenant A interroge l'apprenant B qui lance un dé pour répondre comme dans l'exemple. On inverse ensuite les rôles. L'activité peut se poursuivre pendant 10 minutes maximum.

8 Le voisin absent p. 82

Modalité (cf. typologie)	**Exercice lacunaire**
Déroulement de l'activité	L'activité se fait individuellement dans un premier temps. (Cette étape peut être réalisée en devoir à la maison.) Puis, par groupes de deux, les apprenants sont invités à comparer leurs réponses et à essayer de se convaincre en cas de désaccord.
Corrigé	*Le chat* : lui, les, les, le. *Les poissons rouges* : les, leur. *Les plantes* : les, l', les, la.

9 Nos grands-parents et nous p. 82

Modalité (cf. typologie)	**Enquête de rue**
But de l'activité	Faire une enquête dans la classe sur les relations entre les jeunes et leurs grands-parents.
Objectifs pragmatiques	• Demander confirmation • Donner une information
Objectifs sociolinguistiques et socioculturels	• Utiliser le registre amical • Respecter le rituel de l'interaction : les tours de paroles.
Outils langagiers	• Le lexique de la famille • L'interrogatif **est-ce que** • Les pronoms COD et COI • préposition + pronom + tonique • Intonation interrogative et affirmative

Exemple d'échange	*– Est-ce que tu vois souvent tes grands-parents ?* *– Oui, je les vois souvent.*
Déroulement de l'activité	Les apprenants travaillent par quatre. Chacun interroge les trois autres sur ses habitudes et inscrit le nom du camarade interrogé dans la grille si sa réponse est positive. On peut ensuite, en fonction des réponses obtenues, déterminer le profil du groupe.

Livre de l'élève p. 51

6 Pour créer un test sur l'amitié

Les apprenants travaillent par deux ou trois. Ils s'accordent sur un thème (Es-tu… généreux avec tes amis ? fidèle en amitié ? sincère en amitié ?...) autour duquel ils vont créer leur test et les situations (6 maximum) à partir desquelles ils vont réaliser les questions du test. Chaque apprenant choisit 2 ou 3 situations pour rédiger 2 ou 3 questions et propose 3 réactions possibles pour chaque situation :
- une réaction positive ;
- une réaction ni positive, ni négative ;
- une réaction négative.

À partir de la contribution de chacun, les membres du groupe réalisent le questionnaire du test. Ils s'accordent pour rédiger les commentaires des résultats du test.
Pour finir, chaque groupe échange son test avec celui d'un autre groupe.

Selon les moyens techniques à disposition et le niveau de compétences en informatique des apprenants, l'activité pourra être réalisée sur un support informatique (réalisation d'un test en ligne).

Critères d'évaluation

		Oui	Partiellement	Non
Composante pragmatique	L'objectif principal a été atteint : un test sur l'amitié a été réalisé.	☐	☐	☐
	Le discours est cohérent.	☐	☐	☐
	Les fonctions langagières utilisées sont pertinentes pour réaliser la tâche :			
	• demander une information ;	☐	☐	☐
	• donner une information ;	☐	☐	☐
	• demander de l'aide ;	☐	☐	☐
	• proposer de l'aide ;	☐	☐	☐
	• éviter la répétition du nom.	☐	☐	☐

Composante sociolinguistique	Le registre de langue utilisé est en adéquation avec la situation de communication : registre neutre.	☐	☐	☐
	Le rituel de présentation d'un palmarès est respecté : • la composition : un titre, des questions, des réponses possibles, des commentaires ;	☐	☐	☐
	• la présentation : la disposition, le codage.	☐	☐	☐
Composante linguistique	Le lexique nécessaire pour la réalisation de la tâche est utilisé de manière appropriée : • les relations amicales.	☐	☐	☐
	Les structures nécessaires pour la réalisation de la tâche sont utilisées de manière appropriée : • l'inversion du sujet : interrogatif + verbe + sujet ;	☐	☐	☐
	• interrogatif + « est-ce que » + sujet + verbe ;	☐	☐	☐
	• « est-ce que » + sujet + verbe.	☐	☐	☐
	Les éléments syntaxiques nécessaires pour la réalisation de la tâche sont maîtrisés : • les pronoms interrogatifs ;	☐	☐	☐
	• les pronoms COD ;	☐	☐	☐
	• les pronoms COI.	☐	☐	☐
	Les verbes sont conjugués aux temps et aux personnes qui conviennent : • utilisation du sujet « tu » ;	☐	☐	☐
	• présent de l'indicatif des verbes nécessaires pour réaliser la tâche.	☐	☐	☐
	L'orthographe du lexique nécessaire pour la réalisation de la tâche est maîtrisée.	☐	☐	☐

Il convient de communiquer les critères d'évaluation aux apprenants.

L'enseignant pourra s'appuyer sur la grille ci-dessus pour proposer une grille d'autoévaluation aux apprenants en la reformulant.

2e DÉFI : JE PARTICIPE À UNE ÉMISSION DE RADIO

À NOTER

Le 2e défi peut faire l'objet d'une collaboration avec l'enseignant ou l'acteur de la vie scolaire et le professeur de technologie et le professeur d'informatique.

JE COMPRENDS

Livre de l'élève p. 52

→ Anticipation

Réponses possibles pour l'illustration ①

1. Une bande dessinée.
2. Un adulte, un homme, une personne âgée, un mari, un père de famille, un professeur d'université, un conférencier.
3. De sa vie de couple, de ses études, de son expérience avec les jeunes, les ados…

Réponses possibles pour l'illustration ②

1. Un studio d'enregistrement, un studio radio…
2. Ils enregistrent une chanson, ils animent une émission de radio…

→ Compréhension globale

Réponses attendues pour l'illustration ①

1. Une bande dessinée.
2. Un père de famille.
3. Son expérience avec sa fille.

Réponses attendues pour l'illustration ②

1. Un studio de radio.
2. Ils animent une émission de radio.

Cahier d'exercices p. 83

→ Compréhension détaillée

Proposition de corrigé

Forum ados

– Afin qu'il n'y ait pas de mauvaises surprises, informe tes parents, même si tes résultats ne sont pas très bons. C'est mieux s'ils l'apprennent par toi que par l'école, tu ne crois pas ?
– Afin d'obtenir leur confiance, je te recommande de présenter tes amis à tes parents et de leur montrer la bonne influence que tes amis ont sur toi. Tu verras, ça ira mieux et ils seront plus souples avec tes sorties !

Forum parents

– Je sais que dans cette situation, certains parents ont participé à des séminaires organisés par de célèbres psychopédiatres et ont essayé de se rapprocher des jeunes de l'âge de leurs enfants mais ça n'a pas marché. Je vous conseille plutôt de garder le contact avec vos enfants, même si ce n'est pas toujours facile. Montrez-leur que vous êtes accessible !

JE DÉCOUVRE LA LANGUE

Livre de l'élève p. 53

Exemple	Que fait le personnage ?	Quelle structure il utilise ?
Tu préfères jouer aux échecs alors qu'on va à la piscine !	Il exprime l'opposition.	**Alors que** + sujet + indicatif

23 Transcription

Doc 2 p. 52

LA PRÉSENTATRICE – Radio Ados, la radio qui t'écoute ! On retrouve Mathias et sa rubrique : « Parents / Ados, je communique ! »
MATHIAS – Salut les jeunes, heureux de vous retrouver pour mon émission pleine d'astuces pour éviter les conflits avec vos parents ! Alors allez-y, j'attends vos appels !
LÉA – Salut Mathias, moi c'est Léa. Voilà, chez moi, c'est l'enfer, on communique presque plus avec mes parents et on se dispute tout le temps ! Qu'est-ce que je peux faire pour que la situation s'améliore ?
MATHIAS – Léa, garde le contact avec tes parents, même si ce n'est pas toujours facile. Montre-leur que tu es accessible ! À long terme, tu verras, tu seras gagnante !
LÉA – Ok, merci Mathias! À plus !
JULES – Salut, c'est Jules, alors moi, je n'ai pas de bons résultats à l'école et je n'ose pas le dire à mes parents, parce qu'après je ne pourrai plus sortir avec mes copains...
MATHIAS – Jules, mon conseil : afin qu'il n'y ait pas de mauvaises surprises, informe tes parents, même si tes résultats ne sont pas très bons. C'est mieux s'ils l'apprennent par toi que par l'école, tu ne crois pas ?
JULES – Oui, tu as raison, je leur dirai !
MANON – Salut, c'est Manon. Moi, mes parents ne me laissent jamais sortir avec mes amis, alors que je fais toujours ce qu'ils me disent, j'obéis tout le temps et ils n'ont pas confiance en moi, ce n'est pas juste ! Mathias, aide-moi !
MATHIAS – Ok, afin d'obtenir leur confiance, je te recommande de présenter tes amis à tes parents et de leur montrer la bonne influence que tes amis ont sur toi. Tu verras, ça ira mieux et ils seront plus souples avec tes sorties !
MANON – Merci Mathias, je t'adore !

→ Repérage

	Doc. 1	Doc. 2
exprimer un fait futur : - faire des projets - promettre		• tu verras • je ne pourrai plus • je leur dirai • tu seras gagnante • je leur dirai • ça ira mieux . • ils seront
exprimer le but : - justifier un conseil	• On a tout essayé pour comprendre les ados	• mon émission pleine d'astuces pour éviter les conflits avec vos parents • Qu'est-ce que je peux faire pour que la situation s'améliore • afin qu'il n'y ait pas de mauvaises surprises, informe tes parents • afin d'obtenir leur confiance, je te recommande de présenter tes amis à tes parents
exprimer l'opposition - nuancer ses propos	• Pourtant, malgré nos efforts, on ne comprend toujours pas Magali	• même si ce n'est pas toujours facile • même si tes résultats ne sont pas très bons • alors que je fais toujours ce qu'ils me disent

→ Conceptualisation

Pour…	Je peux utiliser :	Je connais déjà :
exprimer un fait futur : - faire des projets - promettre	• **Tu verras** (voir) • **Tu seras / Ils seront** (être) • **Je pourrais** (pouvoir) • **Je dirai** (dire) • **Ça ira** (aller)	• Le futur proche (niveau 1, unité 5) • Formation du futur : sujet + infinitif + terminaisons du futur (niveau 2, unité 2)
exprimer le but : - justifier un conseil	• **Afin de** + infinitif • **Pour** + infinitif • **Pour que** + subjonctif • **Afin que** + subjonctif	
exprimer l'opposition - nuancer ses propos	• **Alors que** + indicatif • **Pourtant** + indicatif • **Malgré** + nom • **Même si** + indicatif	

JE M'ENTRAÎNE

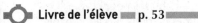

Livre de l'élève p. 53

5 Pour parler de ma relation avec mes voisins

Modalité (cf. typologie)	**Les dés sont jetés**
But de l'activité	Simuler un échange pour parler de sa relation avec ses voisins
Objectifs pragmatiques	• Demander une information • Donner une information • Exprimer l'opposition
Objectifs sociolinguistiques et socioculturels	Respecter le rituel de l'interaction : les tours de paroles
Outils langagiers	• Ça se passe bien avec tes voisins ? • **Même si** + sujet + indicatif
Exemple d'échange	*– Ça se passe bien avec tes voisins ?* *– Oui, même s'ils font des travaux tous les dimanches !*
Déroulement de l'activité	Par deux, l'apprenant A interroge l'apprenant B qui lance le dé pour répondre comme dans l'exemple, ils simulent un échange entre amis. Ensuite, ils inversent les rôles. Durée maximale : 10 minutes.

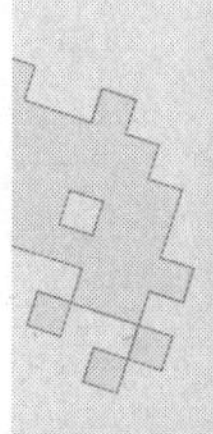
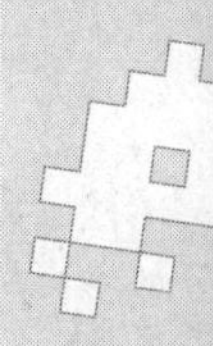
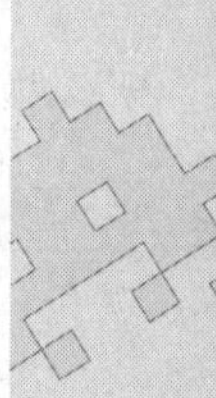

Phonétique

Modalité (cf. typologie)	**Levez !**
But de l'activité	Distinguer les sons [j] et [l]

Déroulement de l'activité	Les apprenants réalisent chacun une fiche avec [j] et une fiche avec [l]. Lors de la première écoute, les apprenants se familiarisent avec le corpus. Lors de la deuxième écoute, après chaque énoncé, ils lèvent la fiche [j], s'ils entendent [j] ou la fiche [l], s'ils entendent [l]. Une troisième écoute permettra de valider les réponses.
Corrigé	[l] : des rollers, une ville, belle [j] : conseiller, une fille, une merveille, la famille, se débrouiller

Cahier d'exercices p. 86-89

1 Phonétique : les sons [j] et [l] p. 86

22

Modalité	**Exercice de classement**
But de l'activité	Distinguer les sons [j] et [l]
Déroulement de l'activité	Dans un premier temps, individuellement, les apprenants observent les phrases. Ils soulignent les « l » et entourent les « ll ». (Cette première étape peut être réalisée en devoir à la maison.) Dans un deuxième temps, ils écoutent les phrases pour classer les mots dans le tableau. Puis, par groupes de deux, les apprenants sont invités à comparer leurs réponses et à essayer de se convaincre en cas de désaccord. Pour finir, l'apprenant A lit une phrase à l'apprenant B qui valide. On inverse les rôles.
Corrigé	[j] : fille, billes, famille [l] : le, Léa, la salle - Elle, volley, la, Emilie - l'aller, elles, livres - Le, elles, Sylvain - Le, Léa, ville - Le, Léa, roller, le, Jules

2 Phonétique : écrire les et lire les sons [j] et [l] p. 86

Modalité (cf. typologie)	**Exercice de production semi-dirigée**
But de l'activité	Écrire et lire les sons [j] et [l]
Déroulement de l'activité	Dans un premier temps, individuellement, les apprenants font une liste de mots avec les sons [j] et [l]. (Cette première étape peut être réalisée en devoir à la maison.) Dans un deuxième temps, les apprenants mettent en commun les mots listés et les valident. Individuellement, ils écrivent une phrase avec des mots comprenant le son [j] et une autre avec des mots comprenant le son [l]. L'apprenant A lit ses phrases à l'apprenant B qui les valide. On inverse les rôles.

3 La bataille verbale **p. 86-87**

Modalité (cf. typologie)	**Bataille langagière**
But de l'activité	Localiser et détruire les bateaux de son adversaire
Objectif pragmatique	Exprimer un fait futur
Objectif sociolinguistique et socioculturel	Utiliser le registre neutre
Outil langagier	Les verbes conjugués au futur simple
Exemple d'échange	– *J'irai tout seul !* – *Dans l'eau ! / Coulé !*
Déroulement de l'activité	Chaque apprenant dessine secrètement 3 bateaux dans la grille. Pour détruire les bateaux de son adversaire, il faut les localiser en formulant des phrases au futur simple avec un élément de la première colonne et un élément de la première ligne. (exemple : « J'irai tout seul »). Si le bateau est localisé, l'apprenant répond : « Coulé » ; sinon, il dit « Dans l'eau ! » et c'est à lui de jouer. Le joueur qui arrive à localiser les trois bateaux de son adversaire en premier à gagner.

4 Tu vas où ? **p. 87**

Modalité (cf. typologie)	**La pioche**
But de l'activité	Simuler un échange pour obtenir une explication
Objectif pragmatique	Exprimer le but
Objectifs sociolinguistiques et socioculturels	• Utiliser le registre amical : ▪ utilisation du pronom « **on** » ▪ utilisation du tutoiement ▪ phrase affirmative avec une intonation • Respecter le rituel de l'interaction : les tours de paroles
Outils langagiers	• **Tu vas où avec** + possessif + nom • **Chez** + prénom • **Pour que** + subjonctif • Intonation interrogative et exclamative
Exemple d'échange	– *Tu vas où avec ton album photos ?* – *Chez Youssou, pour qu'on regarde mes photos de vacances !*
Déroulement de l'activité	Par deux, les apprenants font des fiches numérotées de 1 à 8. Ils simulent un échange pour obtenir une explication. L'apprenant A pioche un numéro et demande une explication à l'apprenant B comme dans l'exemple. Pour répondre, l'apprenant B sélectionne dans la liste une activité qui peut se faire avec l'objet tiré au sort par l'apprenant A. Il formule la réponse comme dans l'exemple. On inverse ensuite les rôles. L'enseignant pourra intervenir en cas de litige pour inviter les apprenants à vérifier auprès d'autres camarades ou à consulter des documents de références (livre, cahier…).

5 Les conseils du gardien **p. 88**

Modalité (cf. typologie)	**Exercice lacunaire**
Déroulement de l'activité	Dans un premier temps, individuellement, les apprenants complètent le texte. (Cette étape peut être réalisée en devoir à la maison.) Puis, par groupes de deux, les apprenants sont invités à comparer leurs réponses et à essayer de se convaincre en cas de désaccord.
Corrigé	Afin d', afin de, afin qu', afin d', afin qu', afin qu'.

6 Je veux faire / je dois faire **p. 88**

Modalité (cf. typologie)	**La pioche**
But de l'activité	Simuler un échange pour exprimer son mécontentement
Objectifs pragmatiques	• Exprimer une intention • Exprimer son désaccord • Exprimer l'opposition
Objectifs sociolinguistiques et socioculturels	• Utiliser le registre amical : ▪ utilisation du tutoiement ▪ l'expression : **Pas question !** • Respecter le rituel de l'interaction : les tours de paroles
Outils langagiers	• **Je vais** + infinitif • **Tu veux** + infinitif • **Tu dois** + infinitif • Indicatif + **alors que** + indicatif • Intonation exclamative
Exemple d'échange	*– Bon, je vais jouer aux jeux vidéo, moi !* *– Tu veux jouer aux jeux vidéo alors que tu dois sortir les poubelles ? Pas question !*
Déroulement de l'activité	Par deux, les apprenants font deux séries de fiches numérotées de 1 à 8. Ils simulent un échange pour exprimer le mécontentement. L'apprenant A pioche un numéro pour exprimer une intention comme dans l'exemple. Pour répondre, l'apprenant B pioche une activité de la vie quotidienne. Il formule la réponse comme dans l'exemple. On inverse ensuite les rôles. L'enseignant pourra intervenir en cas de litige pour inviter les apprenants à vérifier auprès d'autres camarades ou à consulter des documents de références (livre, cahier…).

7 Dans mon quartier… **p. 89**

Modalité (cf. typologie)	**Tête à tête**
But de l'activité	Simuler un échange pour comparer son quartier avant et maintenant
Objectif pragmatique	Exprimer l'opposition

Objectif sociolinguistique et socioculturel	Utiliser le registre neutre
Outils langagiers	• Les indicateurs temporels **avant** et **maintenant** • L'imparfait • Indicatif + **alors que** + indicatif • Intonation exclamative
Exemple d'échange	*– Avant, dans mon quartier, il y avait des maisons, alors que maintenant, il y a des immeubles.*
Déroulement de l'activité	Dans un premier temps, les apprenants observent les dessins. Ils referment le livre et listent les différences entre les deux illustrations. Dans un deuxième temps, on forme des groupes de deux. L'apprenant A indique une différence comme dans l'exemple à l'apprenant B qui valide. Ensuite, on inverse les rôles. L'activité se poursuit pendant 10 minutes environ.

8 **Les contradictions** **p. 89**

Modalité (cf. typologie)	**Exercice d'appariement**
Déroulement de l'activité	Dans un premier temps, individuellement, les apprenants associent les deux éléments de chaque phrase. (Cette étape peut être réalisée en devoir à la maison.) Puis, par groupes de deux, les apprenants sont invités à comparer leurs réponses et à essayer de se convaincre en cas de désaccord.
Corrigé	1. 3 – 2. 7 – 3. 5 – 4. 1 – 5. 6 – 6. 8 – 7. 4 – 8. 2

JE PASSE À L'ACTION

Livre de l'élève p. 53

6 **Pour participer à une émission « Trucs et astuces » pour aider les parents**

Les apprenants préparent l'émission dans laquelle ils vont donner des conseils aux parents pour les aider à mieux comprendre leurs adolescents. Par groupe de 2 ou 3, ils vont faire un remue-méninges pour trouver des idées et en sélectionner 6 maximum (2 ou 3 chacun selon l'effectif du groupe). Ensuite, individuellement, ils vont rédiger des conseils (5 lignes maximum), les justifier et les nuancer. Ils pourront s'appuyer sur le document 2, p. 52.

À partir de la contribution de chacun, les membres du groupe préparent l'émission. Pour finir, chaque groupe présente son émission à un autre groupe.

Selon les moyens techniques à disposition et le niveau de compétences techniques des apprenants, l'activité pourra être enregistrée ou filmée.

Critères d'évaluation

		Oui	Partiellement	Non
Composante pragmatique	L'objectif principal a été atteint : la participation à une émission de radio a été réalisée.	☐	☐	☐
	Le discours est cohérent.	☐	☐	☐
	Les fonctions langagières utilisées sont pertinentes pour réaliser la tâche :			
	• donner un conseil ;	☐	☐	☐
	• justifier un conseil ;	☐	☐	☐
	• nuancer ses propos.	☐	☐	☐
Composante sociolinguistique	Le registre de langue utilisé est en adéquation avec la situation de communication : registre neutre.	☐	☐	☐
	Le rituel de présentation de l'émission de radio est respecté :			
	• introduction de l'émission par la présentatrice ;	☐	☐	☐
	• salutation et rappel du principe de l'émission pour l'animateur ;	☐	☐	☐
	• interventions des auditeurs pour demander conseil ;	☐	☐	☐
	• réponse de l'animateur après chaque intervention pour donner un conseil, le justifier et nuancer.	☐	☐	☐
Composante linguistique	La prononciation favorise la compréhension.	☐	☐	☐
	Le lexique nécessaire pour la réalisation de la tâche est utilisé de manière appropriée :			
	• les relations sociales ;	☐	☐	☐
	• les relations familiales ;	☐	☐	☐
	• la communication.	☐	☐	☐
	Les structures nécessaires pour la réalisation de la tâche sont utilisées de manière appropriée :			
	• indicatif + expression de l'opposition + indicatif ;	☐	☐	☐
	• pour / afin de + infinitif ;	☐	☐	☐
	• pour / afin que + subjonctif.	☐	☐	☐
	Les verbes nécessaires pour la réalisation de la tâche sont conjugués aux temps et aux personnes qui conviennent :			
	• le subjonctif des verbes en « er » et des verbes « être » et « avoir » ;	☐	☐	☐
	• le futur simple des verbes irréguliers.	☐	☐	☐
	L'orthographe du lexique nécessaire pour la réalisation de la tâche est maîtrisée.	☐	☐	☐

Il convient de communiquer les critères d'évaluation aux apprenants.
L'enseignant pourra s'appuyer sur la grille ci-dessus pour proposer une grille d'autoévaluation aux apprenants en la reformulant.

3ᴱ DÉFI : JE DÉCOUVRE LES RELATIONS INTERGÉNÉRATIONNELLES DANS LE MONDE

 **Livre de l'élève p. 54-55**

Les documents proposés ont été choisis pour leur caractère transculturel et parce que chacun d'entre eux permet d'exposer les apprenants à d'autres visions d'une même réalité : les relations intergénérationnelles. Chaque relation diffère en fonction du contexte socioculturel dans lequel il s'inscrit.

> **POUR VOTRE INFORMATION**
>
> La France en quelques chiffres :
> Dans les années 50, on comptait 430 000 unions par an pour une population de 40 millions d'habitants. Un demi-siècle plus tard, les mariages se sont réduits à 280 000 par an, pour une population de 60 millions d'habitants. Un quart de ces unions sont des remariages. Plus d'un couple sur trois se sépare, un sur deux dans les grandes villes. 120 000 divorces ont lieu chaque année. Parallèlement, on dénombre près de 2,5 millions de couples non-mariés (contre 310.000 en 1962), plus d'un million de familles monoparentales et 660 000 familles recomposées.
>
> Autorité parentale, les lois clés :
> - **Loi du 4 juin 1970** : met fin aux notions de chef de famille et d'autorité paternelle. Introduit la notion d'autorité parentale.
> - **Loi sur la filiation naturelle de 1972** : attribue, en cas de naissance hors mariage, l'exercice parental à la mère.
> - **Loi sur le divorce de 1975** : donne l'autorité parentale à celui qui a obtenu la garde de l'enfant lors du divorce.
> - **Loi de 1987** : assouplit celle de 1975, en favorisant l'exercice conjoint de l'autorité parentale des parents divorcés.
> - **Loi de 1993** : érige en principe l'exercice commun de l'autorité parentale par les deux parents, mariés ou non. Tout père qui reconnaît l'enfant avant son premier anniversaire et qui vit avec la mère exerce, au même titre qu'elle, l'autorité parentale.

Cahier d'exercices p. 90

Il s'agit ici de mettre en regard une réalité familière des apprenants avec celle des relations intergénérationnelles ailleurs dans le monde.

1 Pour comparer les expériences à l'étranger p. 90

Modalité (cf. typologie)	QCM et tête à tête
But de l'activité	Favoriser l'ouverture sur le monde, la découverte d'autres manières de vivre.
Objectifs pragmatiques	• Demander une information • Donner une information
Objectifs sociolinguistiques et socioculturels	• Utiliser le registre neutre • Respecter le rituel de l'interaction : les tours de paroles

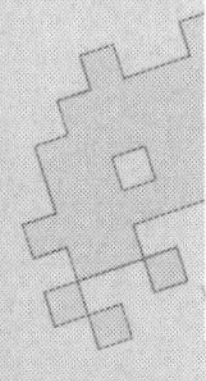

Outils langagiers	• **Est-ce que** + phrase affirmative ? • Le lexique de la famille • Le lexique des pays et des nationalités • Intonations interrogative et affirmative
Exemple d'échange	*– Est-ce qu'un membre de ta famille travaille ou a travaillé à l'étranger ?* *– Oui, mes parents ont travaillé au Maroc et en Tunisie.*
Déroulement de l'activité	Individuellement les apprenants lisent le document 1 du livre et complètent le tableau avec les réponses d'Albane. Puis, ils complètent le tableau avec leurs propres réponses (Ces étapes peuvent être réalisées en devoir à la maison). Dans un deuxième temps, les apprenants, par groupes de deux, s'interrogent comme dans l'exemple pour compléter le tableau avec les réponses d'un camarade. Pour finir, ils entourent leurs points communs.

2 **Pour jouer au pendu** **p. 90**

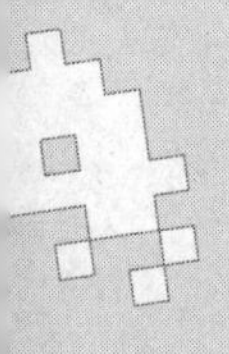

Modalité (cf. typologie)	**La criée**
But de l'activité	Identifier des mots à partir d'indices
Objectifs pragmatiques	• Épeler • Énoncer • Confirmer • Infirmer
Objectifs sociolinguistiques et socioculturels	• Utiliser le registre neutre • Respecter le rituel de l'interaction dans un jeu : ▪ respect des tours de paroles et des règles du jeu
Outils langagiers	• L'alphabet • Le lexique de la communication • Le lexique des relations familiales • Le lexique des relations sociales • **Oui, Il y en a** + chiffre / **Non, il n'y en a pas** • **Oui, c'est ça ! / Non ce n'est pas ça** • Intonations interrogative et affirmative
Exemple d'échange	*– La lettre « I »* *– Oui, il y en a deux.* *– Amitié ?* *– Oui, c'est ça / Non, ce n'est pas ça !*
Déroulement de l'activité	Individuellement, les apprenants sélectionnent 6 mots dans l'unité et les écrivent sur un papier. Ensuite, on joue par groupes de 3 ou 4. Le meneur de jeu fait deviner un mot aux membres de son groupe. Puis, le joueur placé à sa droite devient le meneur. Et ainsi de suite jusqu'à épuisement du stock de mots.

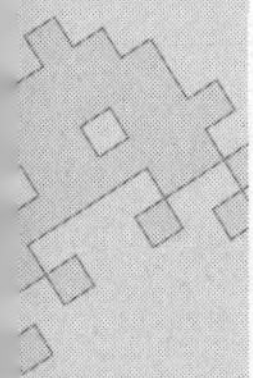

3 Pour jouer au « dessiner pour gagner » p. 90

Modalité (cf. typologie)	La criée
But de l'activité	Identifier des mots à partir d'indices visuels
Objectifs pragmatiques	• Énoncer • Confirmer • Infirmer
Objectifs sociolinguistiques et socioculturels	• Utiliser le registre neutre • Respecter le rituel de l'interaction dans un jeu : ▪ respect des tours de paroles et des règles du jeu
Outils langagiers	• Le lexique de la communication • Le lexique des relations familiales • Le lexique des relations sociales • **C'est…** • **Oui, c'est ça ! / Non ce n'est pas ça !** • Intonations interrogative et affirmative
Exemple d'échange	*– C'est la grand-mère ?* *– Oui, c'est ça ! / Non, ce n'est pas ça !*
Déroulement de l'activité	Individuellement, les apprenants sélectionnent 3 mots dans l'unité et les écrivent sur un papier. Ensuite, on joue par groupes de 3 ou 4. Le meneur dessine un mot pour le faire deviner aux membres du groupe. Puis, le joueur placé à sa droite devient le meneur. Et ainsi de suite jusqu'à épuisement du stock de mots.

 **Livre de l'élève p. 54**

Pour travailler la mémoire

Modalité (cf. typologie)	Exercice de mémorisation
But de l'activité	Trouver les réponses aux questions du jeu
Objectifs pragmatiques	• Demander une information • Donner une information
Objectifs sociolinguistiques et socioculturels	• Utiliser le registre neutre • Respecter le rituel de l'interaction dans un jeu : ▪ respect des tours de paroles et des règles du jeu
Outils langagiers	• Le lexique des relations sociales • Les structures interrogatives • Intonations interrogative et affirmative
Exemple d'échange	*– De quel programme parle-t-on dans le texte ?* *– Du programme intergénérationnel de cohabitation.*

Déroulement de l'activité	L'enseignant prépare des questions sur le texte. Exemples de questions : – Qu'est-ce que « Viure et Conviure » ? – Quel est le nom de l'association en français ? – De quel programme parle-t-on dans le texte ? – Qui peut participer à ce programme ? – Jusqu'à quel âge les étudiants peuvent-ils participer à ce programme ? – À partir de quel âge les personnes âgées peuvent participer à ce programme ? – Quel est l'avantage de ce programme pour les étudiants ? – Que reçoit la personne âgée en échange ? – Qui sont les professionnels qui facilitent cette cohabitation ? – Quels sont les objectifs de ce programme ? – Combien de « couples » ont participé à ce programme en 2002 ? Les apprenants disposent de 3 minutes pour lire le document 2 p. 54. Ensuite, ils ferment le livre et par groupes de 2 ou 3, ils mettent en commun les informations qu'ils ont mémorisées. L'enseignant pose la question 1. Les apprenants de chaque groupe s'accordent sur la réponse qu'ils vont donner. Chaque groupe écrit sa réponse. Et l'activité se poursuit. Quand l'enseignant a posé toutes les questions, on valide les réponses.

Pour travailler la mémoire

Modalité (cf. typologie)	**Exercice de mémorisation et de reformulation**
But de l'activité	Reconstruire le récit d'une expérience à partir d'informations mémorisées
Objectif pragmatique	Raconter
Objectif sociolinguistique et socioculturel	Utiliser le registre neutre
Outil langagier	Le lexique des relations sociales
Déroulement de l'activité	Les apprenants disposent de 3 minutes pour lire le document 3 p. 55. Ensuite, ils ferment le livre et par groupes de 2 ou 3, ils mettent en commun les informations qu'ils ont mémorisées. Chaque groupe reformule les 3 récits à partir des informations mémorisées par les 2 ou 3 membres du groupe. Pour finir, on compare la version originale avec la version créée par le groupe.

Livre de l'élève p. 55

Les apprenants travaillent individuellement. Chacun fait la liste des personnes âgées (5 maximum) qu'il connait et associe chaque personne à une expérience qu'il a vécue avec elle. Ensuite, par groupes de deux, l'apprenant A énonce la liste des expériences qu'il a vécu avec des personnes âgées. L'apprenant B choisit l'expérience qu'il aimerait entendre racontée. L'apprenant A fait le récit de cette expérience à l'apprenant B. On inverse les rôles. Ensuite, individuellement, chaque apprenant rédige son récit.

Critères d'évaluation

		Oui	Partiellement	Non
Composante pragmatique	L'objectif principal a été atteint : l'histoire d'une expérience avec une personne du 3e âge a été racontée et rédigée.	☐	☐	☐
	Le discours est cohérent.	☐	☐	☐
	Les fonctions langagières utilisées sont pertinentes pour réaliser la tâche : raconter.	☐	☐	☐
Composante sociolinguistique	Le registre de langue utilisé est en adéquation avec la situation de communication : registre neutre.	☐	☐	☐
	Le rituel de présentation d'un récit a été respecté :			
	• introduction : généralisation sur les relations avec les personnes du 3e âge ;	☐	☐	☐
	• exemple particulier : récit de l'expérience ;	☐	☐	☐
	• le récit fait une dizaine de ligne.	☐	☐	☐
Composante linguistique	La prononciation favorise la compréhension.	☐	☐	☐
	Le lexique nécessaire pour la réalisation de la tâche est utilisé de manière appropriée :			
	• les relations sociales ;	☐	☐	☐
	• la communication.	☐	☐	☐
	Les éléments syntaxiques nécessaires pour la réalisation de la tâche sont utilisés de manière appropriée :			
	• l'accord en genre des noms et des adjectifs ;	☐	☐	☐
	• l'accord en nombre des noms et des adjectifs.	☐	☐	☐
	Les verbes sont conjugués aux temps qui conviennent :			
	• le passé composé des verbes nécessaires pour la réalisation de la tâche ;	☐	☐	☐
	• l'imparfait des verbes nécessaires pour la réalisation de la tâche.	☐	☐	☐
	L'orthographe du lexique nécessaire pour la réalisation de la tâche est maîtrisée.	☐	☐	☐

Il convient de communiquer les critères d'évaluation aux apprenants.
L'enseignant pourra s'appuyer sur les critères ci-dessus pour proposer une grille d'auto-évaluation aux apprenants en la reformulant.

LA MISSION p. 57

→ ORGANISER UNE RENCONTRE INTERGÉNÉRATIONNELLE

À NOTER

La mission peut faire l'objet d'une collaboration avec l'enseignant ou l'acteur de la vie scolaire.

Pour organiser une rencontre intergénérationnelle au collège

Par groupe de trois, les apprenants font une liste des besoins des personnes âgées du quartier, une liste des aides que les ados pourraient leur apporter et une liste de ce que les ados aimeraient leur faire découvrir. Ensuite, les apprenants vont identifier les besoins des personnes âgées qui correspondent à ce qu'ils ont envie de leur faire découvrir et élaborer une liste d'activités en lien avec les besoins des personnes âgées et les envies des ados. Les travaux de groupe vont donner lieu à une mutualisation afin de s'accorder sur une liste d'activités commune.

Pour donner des informations sur la rencontre

Chaque groupe va réaliser et rédiger le programme de la rencontre.
Si cette mission donne lieu à une véritable rencontre, les apprenants devront également fixer une date, prévoir les aspects logistiques et fixer des rendez-vous pour préparer les activités.

Critères d'évaluation

		Oui	Partiellement	Non
Composante pragmatique	L'objectif principal a été atteint : une rencontre intergénérationnelle a été organisée.	☐	☐	☐
	Les différentes tâches ont été réalisées :			
	• élaboration d'une liste des besoins des personnes âgées dans son quartier ;	☐	☐	☐
	• élaboration d'une liste des aides des adolescents pour les personnes âgées ;	☐	☐	☐
	• élaboration d'une liste de ce que les ados pourraient faire découvrir aux personnes âgées ;	☐	☐	☐
	• proposition d'activités en lien avec les besoins des personnes âgées et les envies des ados ;	☐	☐	☐
	• mutualisation et échanges pour constituer une liste commune ;	☐	☐	☐
	• rédaction du programme de la rencontre.	☐	☐	☐
	Le discours est cohérent.	☐	☐	☐
	Les fonctions langagières utilisées sont pertinentes pour réaliser la tâche :			
	• donner des informations ;	☐	☐	☐
	• faire des propositions ;	☐	☐	☐
	• éviter les répétitions ;	☐	☐	☐
	• exprimer l'opposition ;	☐	☐	☐
	• nuancer ses propos ;	☐	☐	☐
	• exprimer le but ;	☐	☐	☐
	• faire des projets.	☐	☐	☐

Composante sociolinguistique	Le registre de langue utilisé est en adéquation avec la situation de communication.	☐	☐	☐
	Le rituel de présentation d'un programme est respecté :			
	• titre de l'événement ;	☐	☐	☐
	• date de l'événement ;	☐	☐	☐
	• déroulement des activités (intitulé et heure de chaque activité) ;	☐	☐	☐
	• présentation de chaque activité.	☐	☐	☐
Composante linguistique	La prononciation favorise la compréhension.	☐	☐	☐
	Le lexique nécessaire pour la réalisation de la tâche est utilisé de manière appropriée :			
	• les relations sociales ;	☐	☐	☐
	• la communication.	☐	☐	☐
	Les structures nécessaires pour la réalisation de la tâche sont utilisées de manière appropriée :			
	• indicatif + expression de l'opposition + indicatif ;	☐	☐	☐
	• indicatif + expression du but + infinitif ;	☐	☐	☐
	• indicatif + expression du but + subjonctif.	☐	☐	☐
	Les verbes sont conjugués aux temps et aux personnes qui conviennent :			
	• la 1re, la 2e et la 3e personne du pluriel ;	☐	☐	☐
	• le présent des verbes nécessaires pour la réalisation de la tâche ;	☐	☐	☐
	• le futur des verbes nécessaires pour la réalisation de la tâche ;	☐	☐	☐
	• le subjonctif des verbes courants pour la réalisation de la tâche.	☐	☐	☐
	L'orthographe du lexique nécessaire pour la réalisation de la tâche est maîtrisée.	☐	☐	☐

Il convient de communiquer les critères d'évaluation aux apprenants.

L'enseignant pourra s'appuyer sur les critères ci-dessus pour proposer une grille d'auto-évaluation aux apprenants en la reformulant.

Livre de l'élève p. 58

ÉVALUATION : QUIZ

Corrigé

Communication

• 3 raisons d'aider les personnes âgées de ton quartier : apprendre des choses, mieux connaitre son entourage, favoriser l'entraide.

• 3 conseils à un jeune pour améliorer ses relations avec ses voisins âgés :

– Rend-leur service pour qu'ils t'apprécient.

– Sois poli avec eux pour qu'ils te respectent.
– Range ton vélo dans le local à vélo pour ne pas les déranger.

• 2 conseils pour aider des grands-parents à améliorer leurs relations avec leurs petits-enfants :
– Même si vous ne les comprenez pas, faites des efforts.
– Montrez que vous êtes ouverts même si vous n'êtes pas d'accord avec eux.

Langue

• – Je **leur** écris souvent des cartes postales.
– Avez-vous besoin d'aide ? / Je peux vous aider ?

• « Être » au futur : je serai, tu seras, il sera, nous serons, vous serez, ils seront.
« Faire » au futur : je ferai, tu feras, il fera, nous ferons, vous ferez, ils feront.

• – Je vais me baigner **même si** l'eau est froide.
– …pour que tu **aies** une bonne note.

• Les énoncés qui expriment le but :
– Je te téléphonerai demain pour que tu m'aides à faire l'exercice de maths.
– Je réveille Thomas afin qu'il soit à l'heure.

Culture

• Un senior, c'est une personne âgée.
• La fondation « Viure et Conviure » propose un programme intergénérationnel de cohabitation, un programme qui incite étudiants et personnes âgées à vivre ensemble et à partager un appartement.
• L'intrus est « communication ».

Cahier d'exercices p. 91-94

PRÉPARATION AU DELF

COMPRÉHENSION DE L'ORAL — 25 POINTS

Exercice 1 p. 91

23 **Transcription**

Micro-trottoir : Quelle est votre relation avec les jeunes du quartier ?

Témoignage 1
– Pas trop mal, on se croise les week-ends surtout. On se fait un petit match de foot ou de basket et puis chacun rentre chez soi. En semaine, je ne les vois presque pas, et pourtant, on va à la même école…

Témoignage 2
– Bah, on se retrouve presque tous les jours pour jouer dans le parc. S'il fait beau, on joue au basket, au foot ou aux pistolets à eau. Et même s'il pleut, on se voit : l'un de nous invite les autres chez lui, on joue à la console, aux cartes ou alors on lit des BD.

Témoignage 3
– Pas terrible, je préfère rester chez moi que d'aller jouer avec eux, même si des fois, ils m'invitent. J'ai des amis de l'école avec qui je m'entends très bien, on se retrouve les week-ends chez eux ou chez moi.

Corrigé

Ce document est une enquête de rue.

Témoignage n° 2	Témoignage n° 1	Témoignage n° 3

Exercice 2 p. 91 **/ 7,5 points**

24 **Transcription**

Alors dans mon immeuble, je connais Justin qui habite juste au dessus de chez moi, au 3e étage, il a 13 ans et il est fils unique. Avec lui, je m'entends très bien, il est sympathique, on joue souvent ensemble, il adore jouer aux échecs même s'il ne gagne pas très souvent.
Ensuite, il y a Maud qui habite à côté de chez moi, au 2e étage. Elle a 14 ans et elle adore lire, du coup, elle ne sort pas souvent de chez elle. Des fois, elle nous rejoint au parc, mais avec un livre à la main… En fait, elle est gentille mais un peu timide.
Et enfin, il y a Simon, qui habite au rez-de-chaussée, il a 72 ans et il est très actif, il fait son jogging tous les jours, au parc et, parfois il passe du temps avec nous, il nous raconte des histoires… il est vraiment sympa, les jeunes du quartier l'aiment bien.

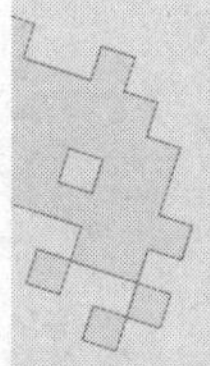

Corrigé

Prénom : Justin Âge : 13 ans Étage : 3e Activités / loisirs : jouer aux échecs Relation avec ses voisins : il est sympathique, il s'entend très bien avec ses voisins.	Prénom : Maud Âge : 14 ans Étage : 2e Activités / loisirs : lire Relation avec ses voisins : gentille mais un peu timide, elle ne sort pas souvent de chez elle.	Prénom : Simon Âge : 72 ans Étage : rez-de-chaussée Activités / loisirs : jogging Relation avec ses voisins : il est sympa, les jeunes du quartier l'aiment bien.

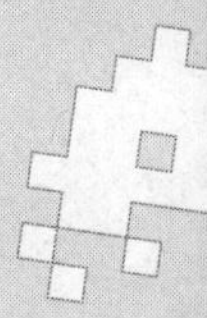

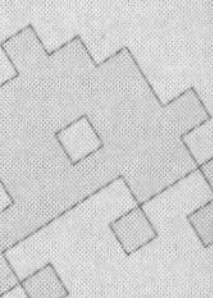

Exercice 3 p. 92 — / 7,5 points

25 Transcription

– Salut les jeunes, je peux vous poser quelques questions ? C'est pour une enquête sur les relations parents / enfants.
– Oui bien sûr !
– Merci ! Comment vous vous appelez ?
– Mélia.
– Lucas.
– Alors, ma première question : Vous avez de mauvais résultats à l'école, que faites-vous ? Vous le dites à vos parents ou vous attendez de recevoir le bulletin de notes ?
M : – Moi, je leur dis !
L : – Oui, moi aussi, même si je sais qu'ils vont me punir !
– Ok, deuxième question : Vous êtes invités à une fête, que faites-vous ? Vous demandez la permission à vos parents ou vous inventez une autre histoire pour sortir ?
M : – Je leur demande la permission, bien sûr !
L : – Moi, je leur dis que je vais dormir chez un ami, sinon, ils ne me laissent pas sortir.
– Dernière question : Vous vous êtes disputés avec un ami, vous êtes triste et vos parents, pour vous aider, vous donnent un conseil, que faites-vous ? Vous suivez le conseil ou vous l'ignorez ?
L : – Même si les conseils de mes parents ne fonctionnent pas toujours, je fais ce qu'ils me disent, car ça leur fait plaisir.
M : – Moi, je préfère ne pas suivre le conseil, je dois pouvoir résoudre mes problèmes toute seule, même si ce n'est pas toujours facile !

Corrigé

1. On ne sait pas.
2. Il est puni.
3. Il ment à ses parents.
4. Elle essaie de trouver une solution toute seule.
5. Il écoute les conseils de ses parents qui ne fonctionnent pas toujours.

Exercice 4 p. 92 — / 6 points

26 Transcription

– Et nous écoutons maintenant Justin qui nous appelle d'Annecy, Justin, on t'écoute !

– Oui, bonjour à tous, alors voilà, j'ai 15 ans, et je suis en seconde, j'ai deux passions dans la vie : les jeux et l'informatique, c'est pour ça que plus tard je veux être concepteur de jeux vidéo. Le problème c'est ma mère et mon beau père : Ils ne comprennent pas que je passe mon temps à jouer sur mon ordinateur, alors ils m'interdisent d'aller sur l'ordinateur pendant la semaine. Ma mère et mon beau père disent que je dois sortir plus souvent avec mes amis, mais moi, je n'ai pas envie ! Je voudrais juste pouvoir aller sur mon ordi en semaine dès que j'ai fini mes devoirs, mais ils n'ont aucune confiance en moi ! Aidez-moi, s'il vous plait !
J'ai besoin de vos conseils pour les convaincre !

Corrigé

1. Il aime les jeux vidéo et l'informatique.
2. Il ne peut pas passer beaucoup de temps sur son ordinateur.
3. Ils ne comprennent pas Justin.
4. Il aimerait utiliser l'ordinateur quand il a fini ses devoirs.

GRILLE ÉVALUATION DE LA PRODUCTION ORALE

A. Entretien dirigé p. 93 (2 minutes environ)

Peut répondre et réagir à des questions simples. Peut gérer une interaction simple.	0	0.5	1	1.5	2	2.5	3	3.5	4

B. Monologue suivi p. 94 (3 minutes environ)

Peut présenter de manière simple un événement, une activité, un projet, un lieu, etc. liés à un contexte familier.	0	0.5	1	1.5	2	2.5	3
Peut relier entre elles les informations apportées de manière simple et claire.	0	0.5	1	1.5	2		

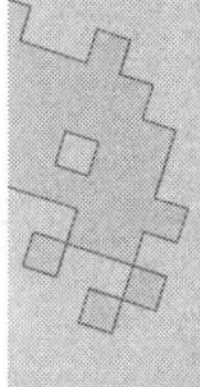

C. Exercice en interaction p. 94 (3 minutes environ)

Peut demander et donner des informations simples dans des transactions simples de la vie quotidienne. Peut faire, accepter ou refuser des propositions.	0	0.5	1	1.5	2	2.5	3	3.5	4
Peut entrer dans des relations sociales simplement mais efficacement, en utilisant les expressions courantes et en suivant les usages de base.	0	0.5	1	1.5	2	2.5	3		

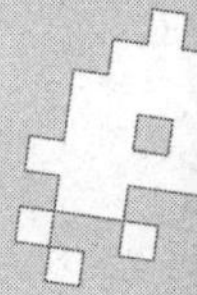

POUR L'ENSEMBLE DES 3 PARTIES DE L'ÉPREUVE

Lexique (étendue) / correction lexicale Peut utiliser un répertoire limité mais adéquat pour gérer des situations courantes de la vie quotidienne.	0	0.5	1	1.5	2	2.5	3
Morphosyntaxe / correction grammaticale Peut utiliser des structures et des formes grammaticales simples. Le sens général reste clair malgré la présence systématique d'erreurs élémentaires.	0	0.5	1	1.5	2	2.5	3
Maitrise du système phonologique Peut s'exprimer de façon suffisamment claire. L'interlocuteur devra parfois faire répéter.	0	0.5	1	1.5	2	2.5	3

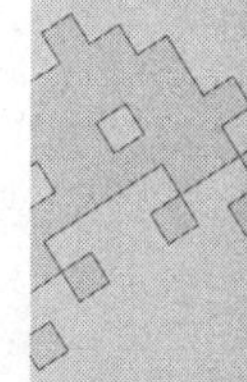

BILAN

1 Pour compléter le témoignage d'un locataire âgé, je sélectionne le pronom complément qui convient : *le, la, l', les, lui, leur*. /8 points

Moi, mes voisins je ____ adore ! Ils sont aimables, ils me saluent quand je ____ croise dans les escaliers. Bon, de temps en temps ils font la fête les week-ends, mais c'est normal, ils sont jeunes. Par contre, quand je ____ demande de baisser un peu la musique, ils ____ font sans discuter ! Ils sont serviables aussi, quand je dois monter mes courses chez moi, je sais que je peux ____ appeler, ils viendront m'aider.

Et puis, on y gagne tous, ils ont un perroquet alors quand ils partent en vacances, je ____ garde avec moi, je ____ donne à manger, je ____ parle et je ____ mets sur mon balcon pendant la journée pour ne pas qu'il s'ennuie.

Ils ont une petite chatte aussi, "Princesse", mais elle, c'est une autre histoire, une vraie sauvage ! Je ne peux ni ____ approcher, ni ____ caresser, ni ____ prendre dans mes bras. Alors, mes voisins doivent ____ emmener chez la voisine du dessus, elle a une petite fille qui s'appelle Julie et Princesse ____ adore ! Julie ____ peigne et ____ fait des caresses pendant des heures et Princesse se laisse faire. Je ne comprends pas, moi qui suis si gentil avec les animaux !

2 Pour raconter l'expérience d'un père de famille, je sélectionne l'élément qui convient. /6 points

Je ne comprends pas ! D'habitude, quand j'arrive chez moi, la porte de l'immeuble est ouverte **même si/pour que** le concierge n'est pas là. Et aujourd'hui, la porte était fermée ! J'ai sonné chez le concierge **alors que/mais** personne ne m'a répondu. Impossible de trouver le concierge, **pour/pourtant** je l'ai cherché partout ! J'ai donc sonné chez le voisin **pour/même si** pouvoir entrer dans l'immeuble. Il m'a ouvert **même s'/pour qu'**il n'était pas très content d'être dérangé… J'ai voulu prendre l'ascenseur **alors qu'/mais** il était en panne, du coup, je suis monté par les escaliers. J'ai croisé ma voisine qui m'a salué **alors que/même si**, d'habitude, elle ne me dit jamais bonjour. Elle m'ignore complètement **alors que/pour que**, moi, je suis toujours poli avec elle. J'arrive devant la porte de chez moi, je sonne et personne ne m'ouvre, **même si/pourtant**, ma femme et mon fils sont à la maison à cette heure-ci. Vraiment bizarre ! J'essaie de garder mon calme **pour que/même** si je commence à m'inquiéter un peu. Je frappe à la porte **alors que/mais** toujours pas de réponse… Je sais qu'il y a toujours une clé de l'appartement sous la plante à côté de l'ascenseur, je la prends et j'ouvre la porte… Et là ! Surprise ! « Joyeux anniversaire ! » me disent ma femme, mon fils, mes amis et mes voisins ! Tout était organisé **même si/pour que** je ne me doute de rien !

3 Pour compléter ce témoignage, j'écris le mot qui convient (*s'entraider, senior, colocataire, cohabiter, se pacser, savoir-vivre*). /3 points

Je m'entends très bien avec mon nouveau ______________ même s'il est DJ et qu'il rentre très tard la nuit, on s'organise assez bien dans l'appartement. Notre voisin de droite n'a aucun ______________, il ne dit jamais bonjour quand on le croise, il n'aide personne et en plus il laisse toujours son vélo dans l'entrée ! Notre voisin de droite est un ______________ qui malgré son âge fait des jeux vidéos, surfe sur Internet… Je l'aide quand il a un problème technique. Julie, notre voisine du dessous ______________ le mois dernier avec Stéphane, le voisin du 4e. Après la cérémonie, on leur a organisé une petite fête, c'était sympa ! On s'entend bien avec eux, on est d'accord pour ______________ : on va garder leur chat quand ils partiront en vacances, ils arroseront nos plantes en notre absence. L'année prochaine, je vais étudier dans une autre région alors je me suis inscrit pour participer à un programme intergénérationnel : je vais ______________ avec une personne du troisième âge.

4 Phonétique /3 points

Dans ma fami__e, nous sommes deux fi__es et un garçon : Ma sœur, Émi__ie, qui pratique le vo__ey, mon frère Ju__es qui fait des concours de bi__es avec ses copains et moi qui fais du rollers. Notre mère est maire de le vi__e, et notre père est consei__er pédagogique. Comme ils travai__ent beaucoup, nous a__ons souvent chez ma grand-mère qui est une femme mervei__ euse. Chez elle, il y a une grande sa__e avec des étagères remplies de livres comme une bibliothèque : j'adore.

Total : ____/ 20 points

VOTRE MISSION

→ PARTICIPER À UN CONSEIL MUNICIPAL DES JEUNES .... p. 59

<table>
<tr><td rowspan="4">Compétences nécessaires pour la réalisation des micro-tâches et de la tâche</td><th colspan="2">Objectifs pragmatiques</th><th>Objectifs sociolinguistiques et interculturels</th></tr>
<tr><td colspan="2">• Exprimer un souhait
• Exprimer une opinion
• Exprimer un doute
• Faire un commentaire
• Évaluer une quantité
• Mettre en évidence un fait</td><td>• Utiliser le registre informel, neutre, formel
• Respecter le rituel de l'interaction dans les échanges :
▪ rituel de politesse
▪ tours de paroles
• Respecter le rituel de présentation des documents
• Adopter un comportement ouvert pour être à l'écoute des autres et découvrir l'univers de la société civile</td></tr>
<tr><th colspan="3">Outils langagiers à acquérir</th></tr>
<tr><td>Grammaire
• Le conditionnel présent
• Le subjonctif
• L' indicatif / subjonctif
• Les pronoms indéfinis
• L'accord du participe passé avec le COD
• L'accord du verbe avec les expressions de quantité</td><td>Lexique
• Les sondages
• La citoyenneté
• La solidarité
• Les expressions de quantité</td><td>Phonétique
• Les liaisons avec les lettres x et h</td></tr>
</table>

JE DÉCOUVRE LA MISSION

Livre de l'élève p. 59

26 Ce document sonore a pour objectif de plonger les apprenants dans l'univers des réunions collectives dans lequel ils vont évoluer pendant l'unité et de les mettre sur la voie de la tâche qu'ils auront à accomplir : participer à un conseil municipal de jeunes.

Cahier d'exercices p. 95

Inviter les élèves à noter les indices trouvés dans le cadre.
Indices sonores : brouhaha de personnes qui entrent dans une salle et qui s'installent (bruits de déplacement, de chaises…), des coups sur une table et une personne qui dit « Silence ! ».

Livre de l'élève p. 59

Les apprenants prennent le livre p. 59, afin d'observer la reproduction de l'affiche pour repérer les indices qui vont leur permettre de valider les hypothèses faites précédemment.
Indices visuels : illustration (style manga) de deux jeunes, une fille et un garçon. Ils sont souriants. La fille fait le signe de la victoire. Le garçon porte un polo avec le sigle CMJ (Conseil municipal de jeunes). En fond, on aperçoit les bâtiments d'une ville. En bas, à droite de l'affiche, on peut voir le logo de la ville de Vannes. En haut au centre, le slogan « Si tu as de l'énergie, viens au CMJ). Dans la chevelure du garçon, on peut lire : « Deviens acteur de ta ville, candidature par courrier avant le 8 octobre 2010 ». En bas à gauche, on peut voir les coordonnées pour obtenir des renseignements.

JE PRÉPARE LA MISSION

Cahier d'exercices p. 95

Qu'est-ce que je sais faire ?	Qu'est-ce que je vais apprendre ?
• Donner un avis (niveau 2, unité 3) • Parler de la quantité (niveau 1, unité 3 ; niveau 2, unité 3) • Exprimer un souhait (niveau 2, unité 2)	• Exprimer une opinion • Exprimer un souhait • Exprimer un doute • Faire un commentaire • Évaluer une quantité • Mettre en évidence un fait

1er DÉFI : J'ANALYSE LES RÉSULTATS D'UN SONDAGE D'OPINION

À NOTER

Le 1er défi peut faire l'objet d'une collaboration avec les professeurs de mathématiques, de SVT et d'histoire-géographie.

JE COMPRENDS

Livre de l'élève p. 60

→ Anticipation

Réponses possibles pour le document ①

1. Un graphique, un sondage, des statistiques, des chiffres, des résultats…
2. À donner des informations chiffrées, À informer.

Réponses possibles pour le document ②

1. Deux tableaux chiffrés, un sondage, des statistiques, des chiffres, des résultats…
2. À donner des informations chiffrées, À informer.

Réponses possibles pour le document ③

1. Un article de presse, de magazine.
2. De chiffres, des jeunes.

→ Compréhension globale

Réponses attendues pour le document ①

1. Les résultats d'un sondage / d'une enquête.
2. À donner des informations chiffrées sur l'engagement des jeunes.

Réponses attendues pour le document ②

1. Les résultats d'un sondage / d'une enquête.
2. À donner des informations chiffrées sur le point de vue des adultes sur les jeunes.

Réponses attendues pour le document ③

1. Un article de journal, de magazine qui commentent les résultats du sondage (doc. 1) sur l'engagement des jeunes.
2. De statistiques sur l'engagement des jeunes.

Cahier d'exercices p. 96

→ Compréhension détaillée

La tâche de réception est une activité collaboratrice. Pour réaliser cette tâche, l'apprenant doit accéder au sens des documents et identifier les informations nécessaires.
Dans un premier temps, on explique aux apprenants qu'ils vont participer à un Mémoquiz : ils disposent de 3 minutes pour prendre connaissance des documents de la p. 60 du livre de l'élève. Ensuite, ils ferment le livre de l'élève et par deux mettent en commun les informations qu'ils ont retenues. Ils ouvrent le cahier d'exercices et répondent au Memoquiz à l'aide des informations retenues. Ensuite, ils relisent les documents pour vérifier leurs réponses.

Corrigé

1. 57 % de jeunes prêts à s'engager pour la lutte contre les discriminations
2. 14 % de jeunes prêts à s'engager pour une activité sportive
3. 13 % de jeunes prêts à s'engager pour une association culturelle
4. 8 % de jeunes qui ne souhaitent pas s'engager pour une cause
5. 59 % de Français qui pensent que les jeunes sont tolérants

a. Vrai
b. Vrai
c. Vrai
d. Vrai
e. Faux

JE DÉCOUVRE LA LANGUE

Livre de l'élève p. 61

Pour identifier la fonction langagière de l'illustration : « La plupart des filles ont voté pour moi», les apprenants pourront s'appuyer sur les indices fournis par l'illustration : l'urne, les bulletins de vote froissés, l'air satisfait du garçon élu, l'air mécontent des autres candidats à l'élection, le regard admiratif de certaines filles, l'inscription sur le tableau « Élection du délégué de classe ». Grâce à ces indices, ils pourront comprendre que le personnage évalue une quantité.

Exemple	Que fait le personnage ?	Quelle structure il utilise ?
La plupart des filles ont voté pour moi.	Il évalue la quantité.	**La plupart des** + nom + verbe à la 3e personne du pluriel

Pour évaluer la quantité, on peut utiliser : « La plupart des » + nom + verbe à la 3e personne du pluriel.

Cahier d'exercices p. 97

→ Repérage

	Doc. 1	Doc. 2	Doc. 3
exprimer un souhait	• Que fais-tu ? • Comment fais-tu ? • Que lui demandes-tu ?		• la moitié des jeunes voudrait s'engager… • 14 % à vouloir s'engager • les filles voudraient participer à des actions liées à la santé • Seule une minorité des jeunes souhaiterait se mobiliser • Une grande majorité aimerait participer….

faire un commentaire	• La défense de l'environnement est un thème d'actualité • les jeunes pourraient s'engager pour ce projet		• Qui a dit que les jeunes ne pensaient qu'à eux ? • Une enquête a montré que… • la lutte contre les discriminations, la solidarité ou l'aide auprès des personnes en situation d'exclusion sont les principaux thèmes qui les inspirent. • les grandes industries l'ont polluée et l'ont presque détruite : la sauver ou la rendre plus verte est la préoccupation… • la lutte contre les maladies n'est pas un sujet qui les mobilise • s'intéresse aux associations culturelles et locales • ils préfèrent s'ouvrir sur le monde grâce à internet. • Enfin, reconnaissons-le, les jeunes sont généreux
évaluer une quantité		• 49 % des français ont une image négative des jeunes • 70 % les jugent individualistes	• plus de la moitié des jeunes de 15 à 18 ans… • presque la moitié d'entre eux (45 %) • Ils ne sont que 14 % … • la plupart sont des garçons • Seule une minorité d'entre eux (13 %) • Seule une minorité des jeunes (3 %) • une grande majorité (92 %)

→ Conceptualisation

Pour…	Je peux utiliser :	Je connais aussi :
exprimer un souhait	• Les verbes : **souhaiter / aimer / vouloir** au conditionnel présent • **Ils sont** + quantité + **à + souhaiter / aimer / vouloir** à l'infinitif	• Les verbes : **souhaiter / aimer / vouloir** au conditionnel présent (niveau 2, unité 2)
faire un commentaire	• Nom + est un thème d'actualité • Le conditionnel présent • Verbes introducteurs + **que** + indicatif • Nom + **qui** + pronom COD + verbe • Sujet + pronom COD + verbe • Pronom + infinitif + groupe verbal • **S'intéresser / préférer / être** au présent	• Les relatifs **qui, où** (niveau 2, unité 1) • Les relatifs **qui, que, où** (niveau 2, unité 5)

évaluer la quantité	• **Plus de / presque** + la moitié • **La moitié / la totalité / la plupart, la majorité, une (petite/grande) minorité de** + nom • **La moitié / la totalité / la plupart, la majorité, une (petite/grande) minorité d'entre eux/elles** • **Seule une moitié / minorité** • Nombre + % (+ des + nom) + groupe verbal • Nombre + % (+ des + nom) + pronom COD + groupe verbal • **Ils ne sont que** + nombre + %	• Articles indéfinis • Articles partitifs • **Un peu / beaucoup de** (niveau 1, unité 3) • Les indéfinis (**quelques, chaque, plusieurs, tout, tous, toute, toutes**) (niveau 2, unité 2)

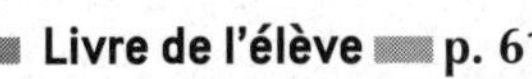

JE M'ENTRAÎNE

Livre de l'élève p. 61

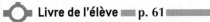

5 Pour dire mon engagement

Modalité (cf. typologie)	**Les dés sont jetés**
But de l'activité	Simuler un échange pour dire son engagement
Objectifs pragmatiques	• Demander une information • Exprimer un souhait
Objectifs sociolinguistiques et socioculturels	• Utiliser le registre amical : ▪ interrogation avec l'intonation ▪ utilisation du pronom tonique • Respecter le rituel de l'interaction : les tours de parole
Outils langagiers	• Pronoms de la 1re et de la 2e personne du singulier • **Vouloir / aimer** au conditionnel + infinitif • Intonation interrogative et affirmative
Exemple d'échange	*– Tu voudrais t'engager pour une bonne cause, toi ?* *– Ah oui, j'aimerais défendre les droits des animaux.*
Déroulement de l'activité	Par deux, les apprenants simulent un échange entre deux amis. L'apprenant A lance le dé pour interroger l'apprenant B qui lance un dé pour répondre comme dans l'exemple. On inverse ensuite les rôles. L'activité peut se poursuivre pendant 10 minutes maximum.

Phonétique

Modalité (cf. typologie)	**Levez !**
But de l'activité	Identifier la lettre « x » prononcée [z]
Déroulement de l'activité	Lors de la première écoute, les apprenants se familiarisent avec le corpus. Lors de la deuxième écoute, après chaque énoncé, ils lèvent la main, si le x est prononcé [z].

Corrigé	« x » est prononcé [z] : dix idées, vingt-six associations, soixante-dix ordinateurs, cent six électeurs

Cahier d'exercices p. 99-102

1 Phonétique : Identifier la prononciation de la lettre « x » **p. 99**

Modalité (cf. typologie)	**Exercice d'appariement**
But de l'activité	Identifier la lettre « x » prononcée [ks] ou [gz]
Déroulement de l'activité	Lors de la première écoute, les apprenants se familiarisent avec le corpus. Après la deuxième écoute, individuellement, les apprenants relient les mots à leur prononciation. Ensuite, par groupes de deux, les apprenants sont invités à comparer leurs réponses et à essayer de se convaincre en cas de désaccord. Une troisième écoute permettra de valider les réponses.
Corrigé	« x » prononcée [ks] : la boxe, un contexte, un texto, l'exposition « x » prononcée [gz] : un exercice, un exemple

2 Phonétique : Prononcer la lettre « x » **p. 99**

Modalité (cf. typologie)	**Exercice de discrimination**
But de l'activité	Identifier les différentes prononciations de la lettre « x »
Déroulement de l'activité	Lors de la première écoute, les apprenants se familiarisent avec le corpus. Après la deuxième écoute, individuellement, les apprenants cochent le son entendu. Ensuite, par groupes de deux, les apprenants sont invités à comparer leurs réponses et à essayer de se convaincre en cas de désaccord. Une troisième écoute permettra de valider les réponses.

Corrigé

	ks	gz	s	z	pas prononcé
1. Un choix					X
2. un examen		X			
3. dix-huit				X	
4. l'exclusion	X				
5. cinquante-six			X		
6. une expérience	X				

3 Soupe de lettres p. 99-100

Modalité	**Mise en ordre**
Déroulement de l'activité	Individuellement, les apprenants lisent les définitions et remettent les lettres dans l'ordre du mot correspondant à chaque définition. (Cette première étape peut être réalisée en devoir à la maison.) Ensuite, par groupes de deux, les apprenants sont invités à comparer leurs réponses et à essayer de se convaincre en cas de désaccord.
Corrigé	1. questionnaire – 2. enquête – 3. sondage – 4. analyse – 5. pourcentage.

4 Les souhaits p. 100

Modalité (cf. typologie)	**Les dés sont jetés**
But de l'activité	Simuler un échange pour exprimer un souhait
Objectif pragmatique	Exprimer un souhait
Objectifs sociolinguistiques	• Utiliser le registre amical, interrogation avec l'intonation • Respecter le rituel de l'interaction : le rituel de politesse
Outil langagier	Le conditionnel présent
Exemple d'échange	*– Tu adorerais vivre là-bas !* *– Tu crois ?* *– Je suis sûr !*
Déroulement de l'activité	Par deux, les apprenants simulent un échange entre deux amis. L'apprenant A lance le dé pour interroger l'apprenant B comme dans l'exemple. L'apprenant B répond et A réagit comme dans l'exemple. On inverse ensuite les rôles. L'activité peut se poursuivre pendant 10 minutes environ.

5 Moi, j'aimerais... p. 100

Modalité (cf. typologie)	**La pioche**
But de l'activité	Simuler un échange pour dire ce qu'on aimerait faire
Objectifs pragmatiques	• Raconter un fait passé • Exprimer un souhait
Objectifs sociolinguistiques	• Utiliser le registre neutre • Respecter le rituel de l'interaction : les tours de parole
Outil langagier	Le conditionnel présent
Exemple d'échange	*– L'année dernière, j'ai participé à un chantier de jeunesse.* *– Ah oui, je participerais bien à un chantier de jeunesse, moi aussi !*
Déroulement de l'activité	Dans un premier temps, par deux, les apprenants numérotent des papiers de 1 à 8. Ensuite, ils simulent un échange entre deux amis. L'apprenant A pioche un numéro pour raconter un fait passé à l'apprenant B comme dans l'exemple. L'apprenant B répond comme dans l'exemple. On inverse ensuite les rôles. L'activité peut se poursuivre pendant 10 minutes environ.

6 La fête de fin d'année **p. 101**

Modalité	**Exercice lacunaire**
Déroulement de l'activité	Individuellement les apprenants complètent le texte. (Cette première étape peut être réalisée en devoir à la maison.) Par groupes de deux, ils comparent leurs réponses et essaient de se convaincre en cas de désaccord.
Corrigé	la totalité – presque la moitié – une grande majorité – une minorité – une majorité – la plupart

7 Les loisirs de mes copains **p. 101**

Modalité (cf. typologie)	**La pioche**
But de l'activité	Faire un sondage dans la classe
Objectifs pragmatiques	• Demander une information • Évaluer une quantité
Objectifs sociolinguistiques	• Utiliser le registre neutre • Respecter le rituel de l'interaction : les tours de paroles.
Outils langagiers	• Les expressions de quantité • Les verbes de loisirs à la 3e personne du singulier et du pluriel du présent de l'indicatif
Exemple d'échange	*– Qui joue au foot ?* *– D'après mon sondage, la plupart des garçons de ma classe jouent au foot.* *– Une minorité de personnes de mon groupe, joue au foot.*
Déroulement de l'activité	Dans un premier temps, par groupes, les apprenants numérotent des papiers de 1à 9. Ensuite, à tour de rôle, ils piochent un numéro pour demander, comme dans l'exemple, aux camarades de leur groupe, s'ils font l'activité tirée au sort. Les apprenants du groupe qui font cette activité lèvent la main (y compris celui qui a posé la question). Le meneur comptabilise le nombre de réponses, note le résultat et le commente, comme dans l'exemple. Lorsque toutes les questions ont été posées, les apprenants mettent tous les résultats en commun puis, par groupes de deux, ils rédigent un commentaire.

8 Expériences scientifiques **p. 102**

Modalité	**Exercice lacunaire**
Déroulement de l'activité	Individuellement les apprenants complètent le texte. (Cette première étape peut être réalisée en devoir à la maison.) Par groupes de deux, ils comparent leurs réponses et essaient de se convaincre en cas de désaccord.
Corrigé	1. observer – 2. remarque – 3. prouvent – 4. indique 1. B – 2. C – 3. D – 4. A

9 Sondage p. 102

Modalité (cf. typologie)	**Jeu de mémoire**
But de l'activité	Simuler un échange pour commenter des résultats
Objectifs pragmatiques	• Faire un commentaire • Évaluer une quantité
Objectif sociolinguistique	Utiliser le registre neutre
Outils langagiers	• Les expressions de la quantité • Les verbes pour introduire un commentaire : **prouver, démontrer, montrer, indiquer** au présent de l'indicatif
Exemple d'échange	Les résultats du sondage montrent que 20 % des garçons aimeraient devenir maire.
Déroulement de l'activité	Dans un premier temps, on explique aux apprenants qu'ils vont participer à un Mémoquiz : ils disposent de 3 minutes pour prendre connaissance du tableau. Ensuite, ils ferment le livre de l'élève et, par deux, commentent les informations qu'ils ont retenues comme dans l'exemple. Ensuite, ils relisent les documents pour vérifier leurs commentaires.

JE PASSE À L'ACTION

Livre de l'élève p. 61

6 Pour commenter le sondage n° 2

Les apprenants travaillent individuellement à l'analyse des données chiffrées dans le document 2 et à la rédaction du commentaire dans lequel ils rappelleront le sujet du sondage, la population interrogées, ils mettront en évidence les pourcentages marquants.

Critères d'évaluation

		Oui	Partiellement	Non
Composante pragmatique	L'objectif principal a été atteint : un test sur l'amitié a été réalisé.	☐	☐	☐
	Le discours est cohérent.	☐	☐	☐
	Les fonctions langagières utilisées sont pertinentes pour réaliser la tâche :			
	• exprimer un souhait ;	☐	☐	☐
	• faire un commentaire ;	☐	☐	☐
	• évaluer une quantité.	☐	☐	☐

Composante sociolinguistique	Le registre de langue utilisé est en adéquation avec la situation de communication : registre neutre.	☐	☐	☐
	Le rituel d'un commentaire de sondage est respecté : • la composition : rappel du sujet et du contexte de réalisation du sondage, du public interrogé ;	☐	☐	☐
	• les principaux résultats accompagnés d'un commentaire.	☐	☐	☐
Composante linguistique	Le lexique nécessaire pour la réalisation de la tâche est utilisé de manière appropriée : • le lexique de la solidarité ;	☐	☐	☐
	• le lexique du souhait ;	☐	☐	☐
	• le lexique de la quantité ;	☐	☐	☐
	• les verbes introduisant un commentaire.	☐	☐	☐
	Les structures nécessaires pour la réalisation de la tâche sont utilisées de manière appropriée : • ils sont + quantité + à + souhaiter / aimer / vouloir à l'infinitif ;	☐	☐	☐
	• nom + est un thème d'actualité ;	☐	☐	☐
	• le conditionnel présent ;	☐	☐	☐
	• verbes introducteurs + que + indicatif ;	☐	☐	☐
	• plus de / presque + la moitié ;	☐	☐	☐
	• expression de quantité + de + nom /d'entre eux / elles ;	☐	☐	☐
	• seule une moitié / minorité ;	☐	☐	☐
	• nombre + % (+ des + nom) + groupe verbal ;	☐	☐	☐
	• nombre + % (+ des + nom) + pronom COD + groupe verbal ;	☐	☐	☐
	• ils ne sont que + nombre + %.	☐	☐	☐
	Les éléments syntaxiques nécessaires pour la réalisation de la tâche sont maîtrisés : • les pronoms COD.	☐	☐	☐
	Les verbes sont conjugués aux temps et aux personnes qui conviennent : • utilisation du sujet « ils » ;	☐	☐	☐
	• présent de l'indicatif des verbes nécessaires pour réaliser la tâche ;	☐	☐	☐
	• conditionnel présent des verbes nécessaires pour la réalisation de la tâche.	☐	☐	☐
	L'orthographe du lexique nécessaire pour la réalisation de la tâche est maîtrisée.	☐	☐	☐

Il convient de communiquer les critères d'évaluation aux apprenants.

L'enseignant pourra s'appuyer sur ces critères pour les reformuler afin de proposer une grille d'autoévaluation aux apprenants.

2ᴱ DÉFI : JE PARTICIPE À UNE ÉMISSION DE RADIO

> **À NOTER**
> Le 2e défi peut faire l'objet d'une collaboration avec les professeurs de technologie et d'informatique.

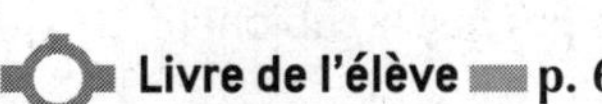

Livre de l'élève p. 62

→ Anticipation

Réponses possibles pour l'illustration ①

1. Des échanges sur un forum internet, des petites annonces, des échanges de courriel.
2. Les adolescents, les jeunes et la musique.

Réponses possibles pour l'illustration ②

1. Dans la rue, devant le collège.
2. Ils font une interview à / répondent une interview, un sondage / une enquête / une émission radio.

→ Compréhension globale

Réponses attendues pour l'illustration ①

1. Des échanges sur un forum internet.
2. Les jeunes et la musique.

Réponses attendues pour l'illustration ②

1. Dans la rue.
2. Ils répondent aux questions d'un journaliste.

Cahier d'exercices p. 103

→ Compréhension détaillée

L'apprenant lit et écoute attentivement les documents. Il souligne les propositions qui lui semblent fausses et les rectifie. Par groupe de deux, ils comparent leurs réponses et essaient de se convaincre en cas de désaccord. Une dernière lecture permettra de valider les corrections effectuées.

Corrigé

> **Relevé d'erreurs**
> Les goûts musicaux des ados sont variés.
> La majorité des internautes pense qu'il n'est pas nécessaire d'aimer la même musique pour être amis.
> Les jeunes peuvent agir pour faire bouger la société.
> On va construire des garages à vélo.

Livre de l'élève p. 63

Pour identifier la fonction langagière de l'illustration : « Je ne crois pas qu'ils t'écoutent », les apprenants pourront s'appuyer sur les indices fournis par l'illustration : une personne debout avec une feuille à la main qui s'adresse à une assemblée qui discute, baille, s'ennuie et semble surprise quand sa voisine intervient pour l'interrompre. Grâce à ces indices, ils pourront comprendre que le personnage « exprime le doute ».

Exemple	Que fait le personnage ?	Quelle structure il utilise ?
« Je ne crois pas qu'ils t'écoutent ».	Il exprime le doute.	**Je ne crois pas que** + subjonctif

Pour émettre un doute, on peut utiliser : verbe d'opinion (forme négative) + que + subjonctif.

Cahier d'exercices p. 104

28 Transcription

Doc 2 p. 62

LE JOURNALISTE – Bonjour, je fais un sondage pour le magazine « À vous les jeunes ! ». Vous pouvez répondre à quelques questions s'il vous plaît ?
LOLA ET AMINA – Oui, pourquoi pas !
LE JOURNALISTE – Alors, première question, pensez-vous que les jeunes peuvent faire changer des choses dans la société aujourd'hui ?
AMINA – Bien sûr ! On a plein d'idées, et quand on veut s'exprimer, on le fait !
LE JOURNALISTE – Justement, croyez-vous que les adultes vous prennent suffisamment au sérieux ?
AMINA– Je pense que les jeunes méritent d'être plus écoutés par les adultes. Souvent, ils nous disent qu'on ne peut pas comprendre parce qu'on est trop jeunes. Moi, je trouve que nous aussi on peut avoir de bonnes idées même si on n'a pas beaucoup d'expérience, et je ne pense pas que mes parents le comprennent.
LOLA – Je suis d'accord avec toi. Ce n'est pas juste !
LE JOURNALISTE – Que souhaitez-vous changer ?
AMINA – Moi, je voudrais m'engager pour l'environnement ! Je ne crois pas qu'on puisse continuer à polluer la planète comme ça ! Il faut que tous les jeunes soient conscients des questions d'environnement, parce que les adultes de demain, c'est nous !
LE JOURNALISTE – Et enfin, une dernière question. À votre avis, que peuvent faire les jeunes pour faire bouger la société ?
AMINA – S'engager ensemble ! Moi, je suis déléguée de classe : avec les autres délégués on a réussi à avoir des garages à vélos couverts, et les repas bio qu'on a demandés seront à la cantine à partir du mois prochain. On a aussi créé un blog pour partager nos idées. C'est fou les messages qu'on a reçus : de toute la France, et même de Dakar et de Montréal !
LOLA – Je crois que les jeunes peuvent faire beaucoup pour la société. Cet été, j'ai fait un chantier où certains des jeunes que j'ai rencontrés sont très impliqués dans leur ville. Ils ont entre 12 et 17 ans et ils sont élus conseillers ados. Les propositions qu'ils ont faites, comme une piste de skate ou la fête des jeux, ont été entendues. C'est génial !
LE JOURNALISTE – Bien, je vous remercie pour votre participation.

Cahier d'exercices p. 104

→ Repérage

	Doc. 1	Doc. 2
exprimer une opinion	• Je pense que la musique c'est super important • je crois que la musique peut aider à se faire des copains • Je suis certaine qu'on peut s'entendre • Je pense qu'il faut être ouvert et tolérant • je suis persuadée que j'ai gagné la 3ᵉ place	• Je pense que les jeunes méritent d'être plus écoutés par les adultes • je trouve qu'on peut avoir de bonnes idées • Je crois que les jeunes peuvent faire beaucoup pour la société
exprimer un doute	• Je ne crois pas que la musique ait une bonne ou une mauvaise influence • Je ne pense pas qu'on puisse juger les autres sur la musique qu'ils écoutent • Je ne crois pas qu'on soit obligés d'aimer la même musique • Je ne pense pas que la musique fasse gagner • Je ne crois pas que la musique fasse gagner les compétitions	• je ne pense pas que mes parents me comprennent • Je ne crois pas qu'on puisse continuer à polluer la planète
mettre en évidence un fait	• Pensez à la musique que vous avez écoutée • Ce sont des chanteuses que j'ai découvertes • La musique que j'ai écoutée	• les repas bio qu'on a demandés • C'est fou les messages qu'on a reçus • Les propositions qu'ils ont faites ont… été entendues

Cahier d'exercices p. 105

→ Conceptualisation

Pour…	Je peux utiliser :	Je connais aussi :
exprimer une opinion	• **Je suis certain(e) / persuadé** + indicatif • **Je pense / crois / trouve que** + indicatif	**À mon avis/je pense que / Pour moi…** (niveau 2, unité 3)
exprimer un doute	**Je ne crois / pense pas que** + subjonctif	Le subjonctif des verbes en « er », des verbes « être » et « avoir » (niveau 3, unités 4 et 5)
mettre en évidence un fait	Nom + que + sujet + verbe	Les relatifs **qui, que, où** (niveau 2, unité 5)

Livre de l'élève p. 63

5 Pour faire un cadavre exquis

Modalité	**Le cadavre exquis**
But de l'activité	Produire des phrases absurdes et drôles
Objectif pragmatique	Mettre en évidence un fait
Objectifs sociolinguistiques et socioculturels	• Utiliser le registre neutre • Respecter le rituel du jeu
Objectifs linguistiques	• Le pronom « que » • Le passé composé • Accord du PP avec le COD.
Exemple de production	– *Les ordinateurs que j'ai mangés sont timides.*
Déroulement de l'activité	Par groupes de deux, les apprenants écrivent à tour de rôle sur un papier les éléments demandés dans la consigne et replient pour cacher ce qu'ils viennent d'écrire. A : Un nom + que B : Un sujet + un verbe au passé composé A : Accord du PP avec le COD (sujet de la principale) B : Verbe « être » + adjectif Les deux apprenants déplient, font les ajustements nécessaires (accords) pour que la phrase soit grammaticalement correcte. On inverse les rôles.

Phonétique

Modalité	**Levez !**
But de l'activité	Identifier la liaison avec la lettre h
Déroulement de l'activité	Lors de la première écoute, les apprenants se familiarisent avec le corpus. Lors de la deuxième écoute, après chaque énoncé, ils lèvent la main s'ils entendent une liaison. Une troisième écoute permettra de valider les réponses.
Corrigé	*Liaisons :* des‿habitantes, des‿histoires, des‿hôpitaux, des‿heures, des‿humoristes *Pas de liaisons :* des héros, des handicaps, des hasards

Cahier d'exercices p. 106-109

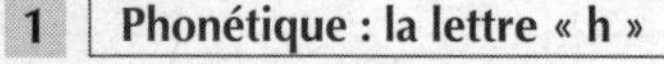

1 Phonétique : la lettre « h » **p. 106**

Modalité	**Exercice de classement**
But de l'activité	Identifier les différentes prononciations avec « h »

Déroulement de l'activité	Lors de la première écoute, les apprenants se familiarisent avec le corpus. Après la deuxième écoute, les apprenants classent les mots en fonction de la prononciation. Une troisième écoute permettra de valider les réponses.
Corrigé	H pas prononcé : théâtre, cohabitation, heure, orthographe [ʃ] : affiche, château, choix, chose [f] : phrase, photo, orthographe, phonétique [k] : orchestre

2 Phonétique : Des mots qui commencent par la lettre « h » p. 106

Modalité	**Exercice de transformation**
But de l'activité	Faire la liaison nécessaire
Déroulement de l'activité	Lors de la première écoute, les apprenants se familiarisent avec le corpus. Après l'écoute, par groupes de deux, à tour de rôle, les apprenants lancent le dé pour tirer un mot au sort. Ils lisent le mot tiré au sort puis ils le mettent au pluriel en faisant la liaison si c'est nécessaire.
Corrigé	*Liaisons* : les habitants, les habitudes, les hebdomadaires, les humeurs *Pas de liaisons* : les handicaps, les hasards

3 La bataille verbale p. 106

Modalité (cf. typologie)	**Bataille langagière**
But de l'activité	Détruire les bateaux de l'adversaire
Objectif pragmatique	Exprimer le doute
Objectifs sociolinguistiques et socioculturels	• Utiliser le registre neutre • Respecter le rituel du jeu
Outil langagier	**Il n'est pas sûr que** + subjonctif
Exemple d'échange	*– Il n'est pas sûr que j'aie de la chance !* *– Dans l'eau / Coulé !*
Déroulement de l'activité	Chaque apprenant dessine secrètement 3 bateaux dans les trois cases de son choix. Pour détruire les bateaux de son adversaire, il faut les localiser en formulant des phrases avec un élément de la première colonne et un élément de la première ligne (exemple : Il n'est pas sûr que j'aie de la chance), et en conjuguant le verbe au subjonctif. Si le bateau est localisé, l'apprenant répond : « Coulé » ; sinon, il dit « Dans l'eau ! » et c'est à lui de jouer. Le joueur qui arrive à localiser les trois bateaux de son adversaire en premier a gagné.

4 Je ne pense pas que… p. 107

Modalité (cf. typologie)	**Les dés sont jetés**
But de l'activité	Simuler un échange pour exprimer des opinions
Objectifs pragmatiques	• Demander l'opinion de quelqu'un • Exprimer une opinion
Objectifs sociolinguistiques et socioculturels	• Utiliser le registre neutre • Respecter le rituel de l'interaction : les tours de paroles
Outils langagiers	• Expressions de l'opinion • Subjonctif présent
Exemple d'échange	*– Qu'est-ce que tu en penses toi ?* *– Je ne crois pas qu'il ait envie d'être élu délégué.*
Déroulement de l'activité	Par deux, les apprenants simulent un échange entre amis pour exprimer des opinions. L'apprenant A demande à l'apprenant B ce qu'il pense. L'apprenant B lance deux dés pour tirer au sort les éléments de sa réponse. Il la formule comme dans l'exemple. On inverse ensuite les rôles. L'enseignant pourra intervenir en cas de litige pour inviter les apprenants à vérifier auprès d'autres camarades ou à consulter des documents de références (livre, cahier…).

5 Tu crois vraiment ? p. 107

Modalité (cf. typologie)	**Pioche** et **Les dés sont jetés**
But de l'activité	Simuler un échange pour exprimer des opinions
Objectifs pragmatiques	• Demander l'opinion de quelqu'un • Exprimer une opinion
Objectifs sociolinguistiques et socioculturels	• Utiliser le registre neutre • Respecter le rituel de l'interaction : les tours de paroles
Outils langagiers	• Expressions de l'opinion • Opposition indicatif / subjonctif • Intonations interrogative et affirmative
Exemple d'échange	*– Tu crois vraiment que les jeunes sont solidaires, toi ?* *– Oui, je crois que les jeunes sont solidaires. / Non, je ne crois pas que les jeunes soient solidaires.*
Déroulement de l'activité	Par deux, les apprenants préparent des fiches numérotées de 1 à 8. Ils simulent un échange entre amis pour exprimer des opinions. L'apprenant A pioche un papier pour interroger l'apprenant B comme dans l'exemple. L'apprenant B lance deux dés pour déterminer une réponse positive ou négative. Il la formule comme dans l'exemple. On inverse ensuite les rôles. L'enseignant pourra intervenir en cas de litige pour inviter les apprenants à vérifier auprès d'autres camarades ou à consulter des documents de références (livre, cahier…).

6 Je donne mon opinion p. 108

Modalité (cf. typologie)	**Questions-réponses**
But de l'activité	Simuler un échange pour exprimer des opinions
Objectifs pragmatiques	• Demander l'opinion de quelqu'un • Donner son opinion en insistant sur un fait
Objectifs sociolinguistiques et socioculturels	• Utiliser le registre neutre • Respecter le rituel de l'interaction : les tours de paroles
Outils langagiers	• Sujet du verbe 2 + que + sujet du verbe 1 + verbe 1 + verbe 2 • Intonations interrogative et exclamative
Exemple d'échange	*– Que penses-tu des propositions que les délégués ont faites ?* *– Les propositions que les délégués ont faites sont géniales !*
Déroulement de l'activité	Par deux, les apprenants simulent un échange entre amis pour échanger des opinions. L'apprenant A demande à l'apprenant B ce qu'il pense comme dans l'exemple. L'apprenant B choisit un adjectif pour dire ce qu'il pense. Il formule sa réponse comme dans l'exemple. On inverse ensuite les rôles. L'enseignant pourra intervenir en cas de litige pour inviter les apprenants à vérifier auprès d'autres camarades ou à consulter des documents de références (livre, cahier…).

7 Le délégué de classe p. 108

Modalité	**Exercice lacunaire**
Déroulement de l'activité	Dans un premier temps, individuellement, les apprenants complètent le texte. (Cette étape peut être réalisée en devoir à la maison.) Puis, par groupes de deux, les apprenants sont invités à comparer leurs réponses et à essayer de se convaincre en cas de désaccord.
Corrigé	J'ai proposée – j'ai rencontrés – m'a aidé - elle a organisée – nous avons reçus - ont faites

8 Opération de nettoyage au parc du Ramier p. 109

Modalité (cf. typologie)	**Levez !**
But de l'activité	Simuler un échange pour vérifier qu'on a rien oublié
Objectifs pragmatiques	• Demander confirmation • Confirmer
Objectifs sociolinguistiques et socioculturels	• Utiliser le registre neutre • Respecter le rituel de l'interaction : les tours de paroles
Outils langagiers	• Pronoms COD • Accord du participe passé • Intonations interrogative et affirmative
Exemple d'échange	*– Les bottes, tu les as apportées ?* *– Oui, je les ai apportées.*

Déroulement de l'activité	Individuellement les apprenants préparent les 4 fiches comme dans la consigne. Ensuite, ils forment des groupes de 3 ou 4. À tour de rôles, deux apprenants simulent un échange entre amis pour vérifier qu'ils n'ont rien oublié. L'apprenant A choisit une proposition pour demander confirmation à l'apprenant B comme dans l'exemple. L'apprenant B confirme comme dans l'exemple. Les autres apprenants écoutent et lèvent la fiche correspondant à l'accord du participe passé. On inverse ensuite les rôles puis on tourne. L'enseignant pourra intervenir en cas de litige pour inviter les apprenants à vérifier auprès d'autres camarades ou à consulter des documents de références (livre, cahier…).

9 **Les Victoires de la musique** **p. 109**

Modalité (cf. typologie)	Exercice lacunaire
Déroulement de l'activité	Dans un premier temps, individuellement, les apprenants complètent le texte. (Cette étape peut être réalisée en devoir à la maison.) Puis, par groupes de deux, les apprenants sont invités à comparer leurs réponses et à essayer de se convaincre en cas de désaccord.
Corrigé	1. regardée – 2. préférée – 3. choisie – 4. interprétée – 5. découverts – 6. vu

JE PASSE À L'ACTION

Livre de l'élève p. 63

6 **Pour préparer un sondage**

Les apprenants travaillent individuellement. Chacun choisit le thème de son sondage. Il rédige un sondage comportant 4 à 5 questions fermées sur le thème choisi. Chaque apprenant fait circuler son sondage, et répond au sondage de ses camarades.

Critères d'évaluation

		Oui	Partiellement	Non
Composante pragmatique	L'objectif principal a été atteint : un sondage a été élaboré.	☐	☐	☐
	Le discours est cohérent.	☐	☐	☐
	Les fonctions langagières utilisées sont pertinentes pour réaliser la tâche :			
	• demander l'opinion de quelqu'un ;	☐	☐	☐
	• exprimer son opinion ;	☐	☐	☐
	• exprimer le doute.	☐	☐	☐

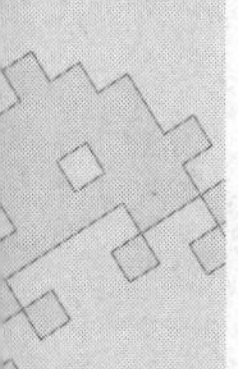

Composante	Critère			
Composante sociolinguistique	Le registre de langue utilisé est en adéquation avec la situation de communication : registre neutre.	☐	☐	☐
	Le rituel de présentation d'un sondage est respecté :			
	• présence de plusieurs questions ;	☐	☐	☐
	• présence des différentes réponses possibles.	☐	☐	☐
Composante linguistique	Le lexique nécessaire pour la réalisation de la tâche est utilisé de manière appropriée : à définir en fonction du thème du sondage.	☐	☐	☐
	Les structures nécessaires pour la réalisation de la tâche sont utilisées de manière appropriée :			
	• croire / penser / trouver que + indicatif ;	☐	☐	☐
	• ne pas croire / penser / trouver que + subjonctif ;	☐	☐	☐
	• être sûr/certain / persuader que + indicatif ;	☐	☐	☐
	• ne pas être sûr/certain / persuader que + subjonctif.	☐	☐	☐
	Les verbes nécessaires pour la réalisation de la tâche sont conjugués aux temps et aux personnes qui conviennent :			
	• le subjonctif ;	☐	☐	☐
	• le présent.	☐	☐	☐
	L'orthographe du lexique nécessaire pour la réalisation de la tâche est maîtrisée.	☐	☐	☐

Il convient de communiquer les critères d'évaluation aux apprenants.
L'enseignant pourra s'appuyer sur ces critères pour les reformuler afin de proposer une grille d'autoévaluation aux apprenants.

3ᴱ DÉFI : JE PRÉSENTE UN PROJET D'ACTION SOLIDAIRE

À NOTER

Le 3e défi peut faire l'objet d'une collaboration avec les professeurs d'éducation civique et d'histoire-géographie.

Livre de l'élève p. 64-65

Les documents proposés ont été choisis pour leur caractère transculturel et parce que chacun d'entre eux permet d'exposer les apprenants à d'autres visions d'une même réalité : les actions solidaires. Chaque action diffère en fonction du contexte socioculturel dans lequel elle s'inscrit.

1 Pour comparer les actions de solidarités dans le monde

Nom de l'association	Actions menées	Âge des participants	Pays où l'association est présente
Les Tréteaux blancs	Spectacle de théâtre pour les enfants hospitalisés	11 à 16	France
Études et Chantiers Jeunesse et reconstruction…	Aménager un sentier dans un parc naturel Restaurer un château, un four à pain, une chapelle	11 à 15	France
Petits Frères des Pauvres	Vacances solidaires avec des personnes âgées.	14	France
Unicef/ Unesco	Jeunes ambassadeurs de l'Unicef	15	France
Unicef	Enseignement de la lecture, de l'écriture, des activités artistiques et artisanales et de la musique à des enfants de 5 à 12 ans	16	Thailande
Windz of Change	Collecte de fonds	17	Inde

2 Pour jouer aux citoyens, acteurs de ma ville

Modalité	**Mots mêlés**
Déroulement de l'activité	Dans un premier temps, individuellement, les apprenants lisent les définitions, trouvent et entourent les mots dans la grille. (Cette étape peut être réalisée en devoir à la maison.) Puis, par groupes de deux, les apprenants sont invités à comparer leurs réponses et à essayer de se convaincre en cas de désaccord.
Corrigé	1. conseil – 2. vote – 3. citoyen – 4. élection – 5. commune – 6. municipal
Autre modalité envisageable	**La criée** : par groupes de trois. Le meneur lit une définition. Les joueurs doivent chercher le mot dans la grille et l'épeler. Le groupe valide. Puis, le joueur placé à la droite du meneur devient le meneur. Et ainsi de suite jusqu'à épuisement du stock de mots.

M	**U**	**N**	**I**	**C**	**I**	**P**	**A**	**L**
C	S	U	F	F	R	A	G	**E**
O	I	E	R	A	F	Q	S	**L**
N	**C**	**O**	**M**	**M**	**U**	**N**	**E**	**E**
S	M	E	**V**	B	A	D	M	**C**
E	H	U	**O**	J	L	I	S	**T**
I	**C**	**I**	**T**	**O**	**Y**	**E**	**N**	**I**
L	R	A	**E**	Z	I	S	E	**O**
M	U	L	K	R	H	O	N	**N**

Livre de l'élève p. 65

3 Pour présenter mon projet d'action solidaire

Par groupes de 3 ou 4, les apprenants font une liste d'actions solidaires pour lesquelles ils aimeraient s'engager. Ils s'accordent sur une action solidaire, sur les bénéficiaires de l'action, sur les moyens qu'ils vont utiliser… Ils rédigent une présentation du projet retenu. Ils peuvent s'inspirer des documents 1 et 2 ou de situations qu'ils rencontrent dans leur environnement.

Critères d'évaluation

		Oui	Partiellement	Non
Composante pragmatique	L'objectif a été atteint : un projet d'action solidaire a été présenté en une dizaine de lignes.	☐	☐	☐
	Le discours est cohérent.	☐	☐	☐
	Les fonctions langagières utilisées sont pertinentes pour réaliser la tâche :			
	• présenter quelque chose ;	☐	☐	☐
	• expliquer un choix ;	☐	☐	☐
	• mettre en évidence ;	☐	☐	☐
	• évaluer une quantité ;	☐	☐	☐
	• faire un commentaire.	☐	☐	☐
Composante sociolinguistique	Le registre de langue est en adéquation avec la situation de communication : registre neutre.	☐	☐	☐
	Le rituel de présentation d'un projet a été respecté :			
	• mise en évidence d'un problème ;	☐	☐	☐
	• proposition d'une action ;	☐	☐	☐
	• présentation des bénéficiaires ;	☐	☐	☐
	• explication du choix.	☐	☐	☐
Composante linguistique	Le lexique pour la réalisation de la tâche est utilisé de manière appropriée :			
	• la solidarité ;	☐	☐	☐
	Les structures adéquates sont utilisées :			
	• expression de quantité + verbe ;	☐	☐	☐
	• nom + que + sujet + verbe ;	☐	☐	☐
	• verbe introducteur + que + indicatif.	☐	☐	☐
	Les verbes sont conjugués aux temps et aux personnes qui conviennent :			
	• utilisation de « nous » et de « on »	☐	☐	☐
	• les temps de l'indicatif pour la réalisation de la tâche.	☐	☐	☐
	L'orthographe du lexique nécessaire pour la réalisation de la tâche est maîtrisée.	☐	☐	☐

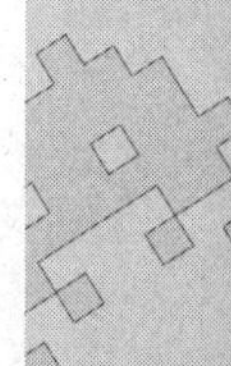

Il convient de communiquer les critères d'évaluation aux apprenants.
L'enseignant pourra s'appuyer sur ces critères pour les reformuler afin de proposer une grille d'autoévaluation aux apprenants.

LA MISSION p. 67

→ PARTICIPER À UN CONSEIL MUNICIPAL DES JEUNES

À NOTER

La mission peut faire l'objet d'une collaboration avec l'enseignant ou l'acteur de la vie scolaire.

Pour participer à une réunion du conseil municipal des jeunes
Les apprenants se mettent d'accord sur un thème de débat lié à leur environnement (collège, ville, région…)
Par groupes les apprenants font la liste des éléments à améliorer sur le thème choisi.
Chaque groupe fait des propositions pour trouver des solutions aux problèmes retenus.
Chaque groupe en débat.

Pour faire un compte-rendu des décisions prises pendant la réunion
Chaque groupe fait la liste des décisions prises et rédige un compte-rendu d'une dizaine de lignes pour expliquer leurs projets.

Critères d'évaluation

		Oui	Partiellement	Non
Composante pragmatique	L'objectif principal a été atteint : une réunion du conseil municipal a été tenue.	☐	☐	☐
	Les différentes tâches ont été réalisées :			
	• choix d'un thème ;	☐	☐	☐
	• élaboration d'une liste des éléments à améliorer sur le thème choisi ;	☐	☐	☐
	• élaboration d'une liste de solutions envisageables ;	☐	☐	☐
	• débat sur le thème et les solutions ;	☐	☐	☐
	• élaboration de la liste des décisions prises ;	☐	☐	☐
	• rédaction d'un compte-rendu d'une dizaine de lignes expliquant leurs projets.	☐	☐	☐
	Le discours est cohérent.	☐	☐	☐
	Les fonctions langagières utilisées sont pertinentes pour réaliser la tâche :			
	• donner des informations ;	☐	☐	☐
	• exprimer un souhait ;	☐	☐	☐
	• exprimer une opinion ;	☐	☐	☐
	• exprimer un doute ;	☐	☐	☐
	• faire un commentaire ;	☐	☐	☐
	• évaluer une quantité ;	☐	☐	☐
	• mettre en évidence un fait.	☐	☐	☐

Composante sociolinguistique	Le registre de langue utilisé est en adéquation avec la situation de communication : registre neutre.	☐	☐	☐
	Le rituel de l'interaction du débat a été respecté : • les tours de paroles.	☐	☐	☐
	Le rituel de politesse des prises de paroles a été respecté.	☐	☐	☐
	Le rituel de présentation d'un compte-rendu a été respecté : • liste des participants présents ;	☐	☐	☐
	• date du conseil ;	☐	☐	☐
	• présentation synthétique des problèmes à régler et des décisions prises.	☐	☐	☐
Composante linguistique	La prononciation favorise la compréhension.	☐	☐	☐
	Le lexique nécessaire pour la réalisation de la tâche est utilisé de manière appropriée : • la citoyenneté ;	☐	☐	☐
	• la solidarité.	☐	☐	☐
	Les éléments syntaxiques nécessaires pour la réalisation de la tâche sont utilisés de manière appropriée : • l'accord en nombre avec les expressions de quantité ;	☐	☐	☐
	• l'utilisation des pronoms relatifs ;	☐	☐	☐
	• l'utilisation des pronoms personnels ;	☐	☐	☐
	• l'accord du participe passé.	☐	☐	☐
	Les verbes sont conjugués aux temps qui conviennent pour la réalisation de la tâche : • les temps de l'indicatif des verbes ;	☐	☐	☐
	• le subjonctif des verbes nécessaires pour la réalisation de la tâche.	☐	☐	☐
	L'orthographe du lexique nécessaire pour la réalisation de la tâche est maîtrisée.	☐	☐	☐

Il convient de communiquer les critères d'évaluation aux apprenants.

L'enseignant pourra s'appuyer sur ces critères pour les reformuler afin de proposer une grille d'autoévaluation aux apprenants.

Livre de l'élève p. 68

ÉVALUATION : QUIZ

Corrigé

1. On aimerait
2. Participer à une action sans contrepartie financière.
3. Association

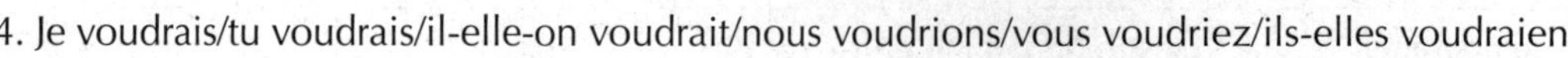

4. Je voudrais/tu voudrais/il-elle-on voudrait/nous voudrions/vous voudriez/ils-elles voudraient
5. Réunir de l'argent.
6. Je ne pense pas que les collégiens fassent assez de sport.
7. tʀɑ̃tsizelktœʀ
8. La majorité
9. Les propositions que nous avons faites sont nombreuses.
10. Représenter
11. La plupart des jeunes aiment le sport.
12. C'est la chanson qu'il a écrite.
13. Les électeurs/ les citoyens.
14. Vrai
15. Je ne crois pas que ma mère me comprenne.
16. dezeʀoin
17. Aménager un sentier / retaper un vieux château / faire du théâtre pour des enfants hospitalisés / passer des vacances solidaires avec des personnes âgées.
18. Que j'aie/tu aies/il-elle-on ait/nous ayons/vous ayez/ils/elles aient
19. Vote de tous les citoyens.
20. Ces bandes dessinées, nous les avons collectées pour le Mali.
21. Organiser des fêtes, une journée de sensibilisation…
22. Participer à une activité bénévole.
23. Les (*mot féminin pluriel*) que j'ai choisies sont géniales.

Cahier d'exercices p. 111-114

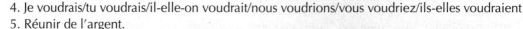

PRÉPARATION AU DELF

COMPRÉHENSION DES ÉCRITS 25 POINTS

Exercice 1 p. 111 **/ 8 points**

1. Le collège Émile Zola organise une action de solidarité avec le Burkina et recherche des produits alimentaires : Faux
2. Je peux apporter mes dons le vendredi 18 : Vrai
3. Les cahiers que j'apporte peuvent être en papier recyclé : Vrai
4. Les élèves de 4e C ont commencé la collecte dans les classes le 10 novembre : Faux
5. Les produits collectés vont être directement envoyés au collège Hampâté Bâ : On ne sait pas
6. Le collège Emile Zola a déjà organisé des actions de solidarité avec le Burkina Faso : Vrai
7. Je peux apporter : calculatrice, sac à dos, crayons, de l'argent.

Exercice 2 p. 112 **/ 4 points**

1. La majorité des ados écoute du Rap/RNB : Vrai
2. La plupart des ados écoutent la musique sur un appareil portable : Vrai
3. Les ados écoutent tous les jours de la musique sur un lecteur de MP3 : On ne sait pas
4. Le classique intéresse la majorité des ados : Faux

Exercice 3 p. 112 **/ 4 points**

1. Secourisme
2. On ne sait pas
3. Faux

Exercice 4 p. 113 **/ 7 points**

1. « Les enquêtes de Victor et Noémie » est une émission télévisée.
2. Un maire peut unir les mariés.
3.
a. Vrai : Dans quelques semaines les citoyens des 37000 communes vont voter.
b. Faux : Noémie a rencontré le maire d'une petite commune.
c. Faux : Le maire et son équipe.
d. Vrai : rues, écoles, parcs, centres sportifs, églises cimetières.

BILAN

1 Pour compléter le dialogue, j'écris le mot qui convient :
commission, élections, sondage, candidats, débats, vote. /6 points

– Pardon, vous pouvez répondre à quelques questions ? C'est pour un ______.
– C'est sur quoi ?
– Dimanche il y a les ______ pour le conseil municipal des jeunes de St Dizier. Est-ce que vous allez participer au ______ ?
– Je ne sais pas encore. Si les ______ me plaisent, sûrement.
– Vous avez déjà assisté aux ______ du conseil ?
– Non, jamais, mais ma voisine participe à la ______ vélo, et elle me raconte tout !

2 Pour compléter le texte, je conjugue les verbes aux temps qui conviennent. /5 points

Les jeunes et la solidarité entre génération.
La majorité des jeunes pensent qu'ils _______ (pouvoir) agir pour une plus grande solidarité entre les générations. « Je suis certaine que nous ______ (avoir) les moyens de faire quelque chose pour les plus âgés, affirme Clothilde, élève du collège Jules Michelet. Par exemple, on peut les aider à faire leurs courses. Je ne crois pas que porter un sac _____ (être) difficile pour des jeunes comme nous. » Marion, elle, est déjà engagée avec l'association de lecture De Vive Voix : « Nous sommes persuadés que nous ________ (faire) beaucoup pour la solidarité intergénérationnelle quand nous allons lire des livres chez des personnes âgées. Malheureusement, je ne suis pas sûre que le maire ________ (connaitre) notre association. C'est pourtant important de la faire connaitre ! »

3 Pour corriger le courriel de Coralie, j'accorde, si nécessaire, les participes passés. /5 points

Salut Lila,

Hier soir, j'ai assisté__ à la répétition des Souris Endiablées. Je les ai bien écouté__ et j'ai vraiment adoré les chansons que j'ai entendu__. J'en ai profité pour prendre une photo. Regarde ! Je l'ai mis__ en pièce jointe. Je pense que tout est prêt pour le concert. Rayane et Thomas vont s'occuper des boissons que la directrice a commandé__ la semaine dernière. Il faut juste les transporter dans la salle. Les gâteaux qu'Audray a fait__, sont super bons. Je crois qu'il y aura beaucoup de monde car l'affiche que Noémie a fabriqué__ est vraiment magnifique : tous les élèves, le personnel du collège et les parents d'élèves l'ont vu__ ! J'ai eu__ peur pour les tickets d'entrée qui n'arrivaient pas mais je les ai finalement reçu__ ce matin. On se voit demain pour régler les derniers détails ? Ciao !

Coralie

4 Pour compléter les mots du texte j'écris : é, er, ais, ait. /4 points

Avant, je n'ét__ pas engagé. Et puis j'ai rencontr__ Daniel de l'association Monde en partage. Et là tout a chang__. J'ai décidé de travaill__ bénévolement pour cette association. On f__ beaucoup de choses pour sauvegard__ la nature. J'ai particip__ à des réunions, on peut discut__ on est vraiment écout__.

Total : ____/ 20 points

1 Pour reconstruire le récit, je classe les phrases dans l'ordre chronologique. /5 points

d. Pendant les vacances, je suis allée en camp d'ados.
c. Nous avons d'abord fait une grande promenade à bicyclette pour aller visiter un château.
a. Ensuite, nous sommes allés faire du cheval dans la forêt, c'était génial !
e. Puis, nous avons fait une randonnée à pied pour aller jusqu'à la mer où nous nous sommes baignés.
b. Nous avons enfin fait un grand jeu de piste dans le village.

2 Pour compléter le dialogue, j'écris l'expression de temps qui convient /6 points

– Bonjour Max !
– Bonjour.
– Pouvez-vous expliquer à nos jeunes auditeurs comment on devient musicien.
– Quand j'avais 7 ans, mes parents m'ont demandé de choisir une activité extrascolaire. Àl'époque, je ne voulais pas faire de sport alors j'ai choisi l'éveil musical. C'était un bon choix parce que j'ai pu essayer plusieurs instruments. Je me souviens encore du jour où j'ai touché une guitare pour la première fois, c'était magique. Ce jour-là, j'ai su que je serai musicien professionnel. Pendant des années, j'ai fait des petits spectacles en solo. Et puis, il y a 3 ans, j'ai rencontré Mélia. Depuis cette rencontre, nous chantons en duo. Nous avons fait plusieurs concerts et ça a marché. Nous venons d'enregistrer notre premier disque.
– Et bien, merci et bonne chance Max !
– Merci à vous.

3 Pour compléter le texte, je conjugue les verbes entre parenthèses au temps qui convient (passé composé, imparfait). /6 points

Un jour, ma grand-mère m'a raconté ses années d'école. À cette époque, les enfants portaient une blouse et écrivaient avec un porte-plume. Le jour de repos, c'était le jeudi et pas le mercredi comme aujourd'hui. À l'âge de 14 ans, elle est allée au lycée et tous les matins, elle devait prendre le car, très tôt.

4 Pour compléter les mots du texte, j'utilise « é » ou « è » /3 points

À la rentrée, je rentre en quatrième au collège, je vais étudier de nouvelles matières. J'ai déjà acheté mes livres. Je suis prête.

Total : ____/ 20 points

1 Pour compléter les légendes, j'utilise *le plus, la plus, les plus.* /4,5 points

	Sites	Légendes
1	Cité de Carcassonne	La cité fortifiée <u>la plus</u> vaste d'Europe.
2	Fort Boyard	Une des forteresses <u>les plus</u> imprenables de France.
3	Phare de Corduan	<u>Le plus</u> ancien des phares de pleine mer.
4	Notre dame de Paris	<u>La plus</u> célèbre des cathédrales gothiques.
5	L'Obélisque de la place de la concorde	<u>Le plus</u> vieux monument de Paris.
6	La Basilique du sacré cœur	Le site <u>le plus</u> élevé et le plus visible de Paris.
7	Château de Sedan	<u>Le plus</u> grand château fort d'Europe.
8	La tapisserie de l'Apocalypse du château d'Angers	<u>La plus</u> grande tapisserie médiévale connue.
9	La mont Saint-Michel	Un des sites <u>les plus</u> visités de France.

2 Pour compléter les légendes, j'utilise la préposition qui convient. /4 points

Devant un catalogue en ligne de prêt à porter

– Pauline, je vais passer commande à la Gredoute, tu viens choisir tes vêtements pour la rentrée ?
– D'accord, j'arrive ! Oh, elle est super la chemise là.
– Laquelle ?
– Là, celle <u>à</u> carreaux
– Ok, je la mets dans le panier ! Et avec ça, une jupe <u>en</u> chanvre ?
– Non, <u>en</u> jean. J'aime bien celle là avec mon chapeau <u>de</u> paille et mes lunettes <u>en</u> forme <u>de</u> cœur, ce sera super !
– Hop, dans le panier !
– Et maintenant, des sandales ou des chaussures <u>à</u> talons ?
– Des sandales !
– <u>En</u> plastique recyclé ?
– Naturellement !
– Bon, je te laisse finir !
– Attends, attends, ta pointure ?
– 36…

3 **Pour compléter les échanges entre Élodie et Mariella, je conjugue chaque verbe entre parenthèses au temps qui convient.** /3,5 points

Élodie, tu as là ?
J'espère que tu vas bien et que cet été encore nous pourrons passer nos vacances ensemble. Cette année, je te propose qu'on se retrouve en Belgique. Qu'en penses-tu ?
Si tu es d'accord, demande à mon frère qui vit à Bruxelles de nous accueillir.

Salut Mariella,
Je vais bien. C'est une super idée. Et puis, si ton frère accepte de nous recevoir, nous dépenserons moins d'argent.

Oui, comme ça on pourra faire les magasins. Tu sais ce qu'il faut porter, si tu veux être à la mode en Belgique ?

Comme en France ou en Italie, si tu veux être à la mode, porte des couleurs vives.

Au fait, tu veux y aller en août ou en juillet ?

Si on y va en juillet, mon frère pourra peut-être nous accompagner de temps en temps. Si on y va en août, il nous laissera son appartement mais on n'aura pas de guide. Qu'est-ce que tu préfères ?

Je te laisse choisir. Si tu ne vois pas souvent ton frère, on y va en juillet. Comme ça, on a un guide et tu profites de ton frère.

Ok, ça marche. Je l'appelle et je te recontacte.

Ok. Bises

Bises

4 **Pour compléter la grille, j'utilise les mots de l'unité.** /8 points

1. Accessoire qui protège du soleil.
2. Matière pour l'hiver.
3. Accessoire qui se porte sur la tête.
4. Vêtement que les hommes portent souvent sous une veste.
5. Matière pour l'été.
6. Événement parfois musical.
7. Adverbe créé à partir du contraire de « triste ».
8. Chaussures d'été.

							1					
						2	L	A	I	N	E	
3	C	H	A	P	E	A	U					
							N					
				4	C	H	E	M	I	S	E	
							T					
			5/6	F	E	S	T	I	V	A	L	
			C				E					**8**
	7	J	O	Y	E	U	S	E	M	E	N	T
			T									O
			O									N
			N									G
												S

Total : ____/ 20 points

1 Pour compléter le dialogue ci-dessous, j'utilise des expressions de cause *(puisque, comme, grâce à, à cause de)* et des expressions de conséquence *(alors, du coup)*. /4 points

Une histoire d'amour

– Puisque tu as été témoin de là bagarre, pourquoi tu n'as rien dit ?

– À cause du directeur : c'est interdit de se battre à l'internat.

– Tu es sûr que c'est pour ça ?

– Puisque je vous le dis, c'est que c'est vrai !

– tu m'as menti une fois, pourquoi je te croirais ?

– Je ne pouvais pas vous parler devant le directeur !

– Ok, ok, j'ai compris. Maintenant tu peux parler. Je t'écoute, qu'est-ce qui s'est passé ce soir-là ?

– Bah, Timour a rencontré Elsa grâce à Paul. Mais Paul était amoureux d'Elsa, alors quand il a compris qu'Elsa préférait Timour, il est devenu fou. Ils se sont d'abord disputés, puis, ils se sont battus. Ça devenait sérieux du coup, je les ai séparés. Après, on est tous allés se coucher. Le lendemain, comme vous le savez, on a découvert que Paul était parti.

2 Pour compléter le texte ci-dessous, j'utilise les verbes entre parenthèses et je les conjugue au temps qui convient. /5 points

Drôle de dimanche

Il faisait (faire) beau dimanche alors nous sommes allés (aller) pique-niquer au bord du lac. Les enfants faisaient (faire) une cabane. Il n'y avait (avoir) pas beaucoup de monde, juste une autre famille. L'homme et la femme lisaient et les enfants jouaient (jouer) au ballon. Notre chien était (être) très nerveux. Soudain, le vent s'est levé (lever) et la terre a tremblé (trembler) : la cabane a été détruite (détruire) et le ballon a été emporté (emporter) mais, heureusement, rien de grave !

3 Pour compléter le texte ci-dessous, j'utilise « f » ou « v ». /6 points

Rendez-vous à neuf heures devant la ferme pour surveiller la femme du suspect. Nous la suivrons à vélo à travers la ville pour trouver des preuves de sa culpabilité.

4 Pour transformer ces informations en titres de journaux, je nominalise les verbes. /6 points

1. Destruction d'une valise abandonnée à la gare Montparnasse.

2. Vol d'une moto devant le commissariat de police.

3. Cambriolage d'un supermarché à Brest.

4. Découverte d'un sac de bijoux dans une poubelle.

5. Arrestation de pirates informatiques.

Total : ____/ 20 points

1 Pour faire des recommandations à un(e) ami(e) pour être en forme pendant les examens, je reformule les phrases avec « Il faut que… ». /5 points

– Il faut se coucher tôt. ➔ Il faut que tu te couches tôt.
– Il faut réviser à un bon rythme. ➔ Il faut que tu révises à un bon rythme.
– Il faut éviter de manger trop lourd. ➔ Il faut que tu évites de manger trop lourd.
– Il faut organiser son temps de travail. ➔ Il faut que tu organises ton temps de travail.
– Il faut contrôler son stress. ➔ Il faut que tu contrôles ton stress.

2 Pour compléter le texte ci-dessous, j'utilise les verbes entre parenthèses /5 points

« Bonjour à tous et bienvenus ! Je suis Adrien, le directeur de la colo.
Pour commencer, j'ai à vous communiquer quelques règles qu'il faut respecter.
Le matin, vous devez être prêts à 9 heures. Vous pouvez prendre votre petit déjeuner à partir de 7 h 00. À tour de rôle, vous avez à faire le service et le rangement.
Le soir, le self est ouvert entre 18 h 45 et 19 h 30.
Entre 20 h 00 et 21 h 45, vous pouvez participer aux activités proposées par les animateurs mais vous avez le droit d'aller au foyer pour discuter, lire ou faire des jeux de société si vous préférez. À 22 h 30, vous devez être couchés.
Vous n'avez pas le droit de sortir de la colonie sans être accompagné d'un animateur.
Il est obligatoire de se doucher une fois par jour. »

3 Pour compléter le texte ci-dessous, j'utilise les groupes consonantiques. /5 points

Vivre avec ses parents, ce n'est pas toujours facile. Il faut négocier pour éviter les **conflits**. Les adolescents doivent avoir le **droit** à une vie **privée**. Il faut organiser une journée pour **défendre** les **droits** des adolescents. Il faudra **préparer** le **programme** et informer le **public**.

4 Pour compléter le texte, j'utilise les mots suivants : *faut, te comportes, peux, faire, te laisse, respectes, dois, à faire, milites, veux.* /5 points

– C'est quoi ce truc-là ?
– Ça, c'est mon passeport de citoyen du monde.
– Ah bon, et qu'est-ce qu'il faut faire pour en avoir un ?
– Ce n'est pas compliqué : si tu veux avoir un passeport de citoyen du monde, tu dois envoyer ta demande à l'UNICEF et t'engager à respecter certains principes. Par exemple, il faut que tu milites pour un monde où chacun vive dans de bonnes conditions. Il faut que tu te comportes de la même manière envers chacun – garçon ou fille – peu importe sa couleur de peau, sa religion, le pays d'où il/elle vient. Il faut que tu respectes la nature et les animaux. Il faut aussi prendre soin des autres et être solidaire avec les plus faibles.
– C'est génial, ce truc ! Tu peux me donner l'adresse de l'UNICEF ?
– UNICEF Suisse
Club « Kids united »
Baumackerstrasse 24
8050 - Zurich
– Merci, je te laisse, il faut que je te laisse, j'ai un truc urgent à faire.
– Ah oui, et quoi ?
– Ma demande de passeport de citoyen du monde !

Total : ____/ 20 points

1 Pour compléter le témoignage d'un locataire âgé, je sélectionne le pronom complément qui convient : *le, la, l', les, lui, leur*. /8 points

Moi, mes voisins je les adore ! Ils sont aimables, ils me saluent quand je les croise dans les escaliers. Bon, de temps en temps ils font la fête les week-ends, mais c'est normal, ils sont jeunes. Par contre, quand je leur demande de baisser un peu la musique, ils le font sans discuter ! Ils sont serviables aussi, quand je dois monter mes courses chez moi, je sais que je peux les appeler, ils viendront m'aider.

Et puis, on y gagne tous, ils ont un perroquet alors quand ils partent en vacances, je le garde avec moi, je lui donne à manger, je lui parle et je le mets sur mon balcon pendant la journée pour ne pas qu'il s'ennuie.

Ils ont une petite chatte aussi, "Princesse", mais elle, c'est une autre histoire, une vraie sauvage ! Je ne peux ni l'approcher, ni la caresser, ni la prendre dans mes bras. Alors, mes voisins doivent l'emmener chez la voisine du dessus, elle a une petite fille qui s'appelle Julie et Princesse l'adore ! Julie la peigne et lui fait des caresses pendant des heures et Princesse se laisse faire. Je ne comprends pas, moi qui suis si gentil avec les animaux !

2 Pour raconter l'expérience d'un père de famille, je sélectionne l'élément qui convient. /6 points

Je ne comprends pas ! D'habitude, quand j'arrive chez moi, la porte de l'immeuble est ouverte même si le concierge n'est pas là. Et aujourd'hui, la porte était fermée ! J'ai sonné chez le concierge mais personne ne m'a répondu. Impossible de trouver le concierge, pourtant je l'ai cherché partout ! J'ai donc sonné chez le voisin pour pouvoir entrer dans l'immeuble. Il m'a ouvert même s'il n'était pas très content d'être dérangé… J'ai voulu prendre l'ascenseur mais il était en panne, du coup, je suis monté par les escaliers. J'ai croisé ma voisine qui m'a salué même si, d'habitude, elle ne me dit jamais bonjour. Elle m'ignore complètement alors que moi, je suis toujours poli avec elle. J'arrive devant la porte de chez moi, je sonne et personne ne m'ouvre, pourtant, ma femme et mon fils sont à la maison à cette heure-ci. Vraiment bizarre ! J'essaie de garder mon calme même si je commence à m'inquiéter un peu. Je frappe à la porte mais toujours pas de réponse… Je sais qu'il y a toujours une clé de l'appartement sous la plante à côté de l'ascenseur, je la prends et j'ouvre la porte… Et là ! Surprise ! « Joyeux anniversaire ! » me disent ma femme, mon fils, mes amis et mes voisins ! Tout était organisé pour que je ne me doute de rien !

3 Pour compléter ce témoignage, j'écris le mot qui convient (*s'entraider, senior, colocataire, cohabiter, se pacser, savoir-vivre*). /3 points

Je m'entends très bien avec mon nouveau colocataire même s'il est DJ et qu'il rentre très tard la nuit, on s'organise assez bien dans l'appartement. Notre voisin de droite n'a aucun savoir vivre, il ne dit jamais bonjour quand on le croise, il n'aide personne et en plus il laisse toujours son vélo dans l'entrée ! Notre voisin de droite est un senior qui malgré son âge fait des jeux vidéos, surfe sur Internet… Je l'aide quand il a un problème technique. Julie, notre voisine du dessous s'est pacsée le mois dernier avec Stéphane, le voisin du 4e. Après la cérémonie, on leur a organisé une petite fête, c'était sympa ! On s'entend bien avec eux, on est d'accord pour s'entraider : on va garder leur chat quand ils partiront en vacances, ils arroseront nos plantes en notre absence. L'année prochaine, je vais étudier dans une autre région alors je me suis inscrit pour participer à un programme intergénérationnel : je vais cohabiter avec une personne du troisième âge.

4 Phonétique /3 points

Dans ma famille, nous sommes deux filles et un garçon : Ma sœur, Émilie, qui pratique le volley, mon frère Jules qui fait des concours de billes avec ses copains et moi qui fais du rollers. Notre mère est maire de le ville, et notre père est conseiller pédagogique. Comme ils travaillent beaucoup, nous allons souvent chez ma grand-mère qui est une femme merveilleuse. Chez elle, il y a une grande salle avec des étagères remplies de livres comme une bibliothèque : j'adore.

1 **Pour compléter le dialogue, j'écris le mot qui convient :**
commission, élections, sondage, candidats, débats, vote. **/6 points**

– Pardon, vous pouvez répondre à quelques questions ? C'est pour un sondage.
– C'est sur quoi ?
– Dimanche il y a les élections pour le conseil municipal des jeunes de St Dizier. Est-ce que vous allez participer au vote ?
– Je ne sais pas encore. Si les candidats me plaisent, sûrement.
– Vous avez déjà assisté aux débats du conseil ?
– Non, jamais, mais ma voisine participe à la commission vélo, et elle me raconte tout !

2 **Pour compléter le texte, je conjugue les verbes aux temps qui conviennent.** **/5 points**

Les jeunes et la solidarité entre génération.
La majorité des jeunes pensent qu'ils peuvent agir pour une plus grande solidarité entre les générations. « Je suis certaine que nous avons les moyens de faire quelque chose pour les plus âgées, affirme Clothilde, élève du collège Jules Michelet. Par exemple, on peut les aider à faire leurs courses. Je ne crois pas que porter un sac soit difficile pour des jeunes comme nous. » Marion, elle, est déjà engagée avec l'association de lecture De Vive Voix : « Nous sommes persuadés que nous faisons beaucoup pour la solidarité intergénérationnelle quand nous allons lire des livres chez des personnes âgées. Malheureusement, je ne suis pas sûre que le maire connaisse notre association. C'est pourtant important de la faire connaitre ! »

3 **Pour corriger le courriel de Coralie, j'accorde, si nécessaire, les participes passés.** **/5 points**

Salut Lila,
Hier soir, j'ai assisté à la répétition des Souris Endiablées. Je les ai bien écoutées et j'ai vraiment adoré les chansons que j'ai entendues. J'en ai profité pour prendre une photo. Regarde ! Je l'ai mise en pièce jointe. Je pense que tout est prêt pour le concert. Rayane et Thomas, vont s'occuper des boissons que la directrice a commandées la semaine dernière. Il faut juste les transporter dans la salle. Les gâteaux qu'Audray a faits, sont super bons. Je crois qu'il y aura beaucoup de monde car l'affiche que Noémie a fabriquée est vraiment magnifique : tous les élèves, le personnel du collège et les parents d'élèves l'ont vue ! J'ai eu peur pour les tickets d'entrée qui n'arrivaient pas mais je les ai finalement reçus ce matin. On se voit demain pour régler les derniers détails ? Ciao !

4 **Pour compléter les mots du texte, j'écris : é / er / ais / ait.** **/4 points**

Avant, je n'étais pas engagé. Et puis j'ai rencontré Daniel de l'association Monde en partage. Et là tout a changé. J'ai décidé de travailler bénévolement pour cette association. On fait beaucoup de choses pour sauvegarder la nature. J'ai participé à des réunions, on peut discuter on est vraiment écouté.

Total : ____/ 20 points